Harmonie de fleurs de saison
par Laurent Borniche

ローラン・ボーニッシュの
季節の花合わせ

旬の植物を使ったブーケとアレンジメント

ローラン・ボーニッシュ

はじめに

　本書は『ローラン・ボーニッシュのブーケレッスン』『ローラン・ボーニッシュのフレンチスタイルの花贈り』に続く私の３冊目の花の実用書です。前の２冊では、ブーケとコンポジション（アレンジメント）の基礎とバリエーションをご紹介しました。この本では、自由に遊び心を持って、心惹かれる植物を思うままに生けた作品をご紹介し、それらがどのように構成されていくのかを自分なりのアプローチでお伝えしています。

　花は人々の目を惹き、心を魅了します。野山で咲いている姿はもちろん美しいものですが、いくつかの花を組み合わせ、色を重ね合わせることによって見せてくれる表情も魅力的です。

　作品を作る際には、まずは先入観を持たずに、今の季節に美しく咲いている旬の花を思い浮かべます。デザインや生け方についての形は決めずに頭の中をクリアにして花市場で花材を仕入れ、アトリエで水揚げをしながらどう生ければそれらが生き生きと美しく見えるかを感じとります。

　実際に目で見てクオリティを確かめ、手に取り触れて、香りを嗅ぎ、そこから花合わせと色合わせが決まります。花の姿からアプローチをする場合もあれば、生けたい花器や空間からイメージを広げる場合もあります。

　一つとして同じ色、同じ形の花は存在しません。それを素材として扱うことは容易な作業ではなく、誰かに教わって習得できることではないでしょう。頭の中で考えているだけではうまくいかないことが多いのです。

　花屋として技術が未熟で、経験が伴わなかった頃は、凝ったデザインやオリジナリティにこだわったこともありました。そんな時代を経てわかったことは、自分が思うとおりに植物を扱おうとするのではなく、植物のあるがままの姿に合わせて自分の思考を変えていくということです。実際に生けながら、束ねながら、花があるべき場所に導かれる感覚です。

　私の創作の原点には、幼いころに休みを過ごしたフランス、ロワール地方の田舎の家での記憶や経験があります。森の中、河のほとり、祖父の庭で遊んだ時間、その頃から植物が好きだったこと、花屋の４代目として生まれてからずっと花に囲まれて過ごしてきたこと。

　私にとって花に携わることは仕事であると同時に、楽しみや自己表現の一部でもあります。植物に触れることは本当に楽しく、飽きることがありません。

　植物とともに季節の移ろいを感じられる幸せや楽しさを、本書を手に取ってくださった皆さまにお伝えできたら嬉しく思います。

ローラン・ボーニッシュ

目 次
Table des matières

秋 | Automne

冬 | Hiver

春｜Printemps

春の香りのブーケ

Bouquet crème de fleurs du printemps

春の花は香りがよくてやわらかい雰囲気のものが多く、眺めているだけで気持ちが軽やかになります。季節を告げる花、パンジーと、同じくフリル状の花弁と甘い香りが魅力のスイートピーを合わせ、春の花が優しく咲いている風景をブーケで表現

しました。この2つの花の表情をしっかり見せるために花数を絞り、ピンクから淡い紫へと色をつなぎ、ふんわりと束ねて色のグラデーションをつけています。パンジーで高さを決め、間にアカシアやゼラニウムなどクッションとなるグリーンを入れ

ながら奥行きを意識して束ねていきましょう。春の花は茎が柔らかいので、潰さないように注意しながら作業をすることが大切です。色のアクセントとして加えたツルバキアは、甘い香りも魅力です。

〈花材〉

パンジー／スイートピー／アストランチア／クリスマスローズ／ニゲラ／ツルバキア／マメの花／ゼラニウム／アカシア

〈花合わせのポイント〉

- 軽やかなイメージの春の花、パンジーとスイートピーが主役。
- 優しいピンクから紫の濃淡の色のグラデーションで揃える。
- 明るいグリーンを多めに使い、春の自然の様子を表現する。

> 作り方

すべての花材の、ブーケを握る手の下にくる葉を取り除く。茎が長いものは30cm程度の使いやすい長さに切り、種類ごとに分けて並べる。写真は、このブーケに使用するだいたいの花材の量。

束ねるテクニックはスパイラル。パンジーを2本程度持ってブーケの中心にする。ここでブーケの高さを決める。

ゼラニウムやマメの花などのグリーンをクッションにして、スイートピーを数本まとめて入れる。パンジーやスイートピーの茎は柔らかいので、折ったり曲げたりしないように優しく扱う。

茎はいつも同じ方向に、螺旋を描くように斜めに入れる。最初は指先で持っているが、持ちにくくなったら手の中で茎を軽く握るようにしながら花材を加えていく。

花材を足すときは、中指から小指でブーケを持って親指と人差し指を開く。花を入れたら親指と人差し指で茎を支え、残りの3本の指は動かせるように離す（写真❹の状態に）。

ブーケを回しながら花材を足していく。クッションとなるグリーンに加えて、アストランチアやニゲラなどの小花も混ぜる。同じ花や色が隣同士にならないように注意をして、奥行きを出すことを意識する。

クリスマスローズは花材同士の色をつなぎ、ブーケに変化をつける役割。スプレー咲きのものはふんわりしたボリュームを作ることができる。

さらに花材を足していく。スイートピーの茎も細く柔らかいので折らないように注意。数本まとめて茎と茎の間に入れる。

ブーケのメインとなる部分ができた状態。束ねるときは上や横から形を見て、丸く仕上がっているか、花がまんべんなく散らばっているかを確認。アクセントのツルバキアは、このあたりで数カ所に入れる。ここからは横から見て半球形になるまで花材を足す。

マメの花は飛び出す位置に入れる。さらに花材を加えていき、ブーケを握っている手のすぐ上にアカシアやゼラニウムを入れる。柔らかい茎を保護するための役割。上から見て花の位置を確認したら、麻紐でブーケを縛る。

麻紐で縛る位置は、茎が重なりもっとも細くなったブーケの支点となる部分。紐の端5cm程度をブーケを握っている手の親指で押さえながら巻いていく。紐の長さは1.3m程度必要。

長いほうの紐をぐっと引きながら、ブーケを握っている手の上を通すようにして紐を回す。緩いと茎がバラけてしまうので締めること。紐を回しながら4～5回程度巻きつける。

4～5回巻いたら親指を緩め、押さえていた紐と、巻いていた紐の両端を引っ張って締める。

紐の両端を取って固結びにする。慣れないとブーケを持ったままでは難しいので、テーブルや椅子の背に置いて行うとよい。

余分な紐をハサミでカットする。茎の間に隙間ができないようにしっかり締めるが、同時に茎を傷めたり折ったりしないように力加減に注意することが重要。

余分な茎をカットする。茎の長さは、麻紐で結束した部分を基点として、ブーケ全体の高さの1/2程度。花の部分と茎の部分の長さが1:1となるのが目安。完成。

春の球根の
パニエ

Composition de fleurs à bulbes semi champêtre

　まだ浅い春の庭の風景を、球根花で表現したアレンジメントです。主役の花はラケナリア。壺状の小さな花が集まり穂状に咲く姿と、豊富な花色が魅力です。ここでは紫系と黄色、濃い色と淡い色の2つの品種を選んで構成。ムスカリやヒヤシンスなど季節の球根花と合わせて、色のグラデーションで春の優しい雰囲気を演出しました。ドライの樹皮で作ったベースに花を配置し、足元を枯れ葉で覆っています。まだ冬の印象が残る地面から植物が芽吹き、空に向かって伸びている印象に仕上げ、雪解け水の音が聞こえてきそうなイメージで制作しました。ヒヤシンスは成長して茎が伸びるとアレンジメント全体に動きが加わり、その芳香も楽しめます。

〈花材〉

ヒヤシンス／ラケナリア／バイモユリ／ムスカリ／ワスレナグサ／クリスマスローズ／樹皮（ドライ）／枯れ葉

〈花合わせのポイント〉

- 主役のラケナリアは濃い色と淡い色の2種類を選択。
- 春の訪れを象徴するヒヤシンスなど球根花をサブ花材に。
- ドライの樹皮と枯れ葉で、残る冬のイメージを表現。

> 作り方

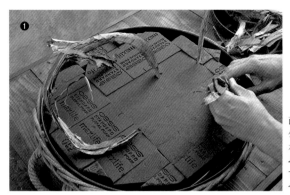

直径45×深さ5cmのバスケットに水盤を入れ、吸水させたフローラルフォームをセット。樹皮をナイフで斜めにカットして挿し、ベースを作る。

樹皮は短いもの、長いものを組み合わせながら絡ませて立体的に構成する。

ベースの完成。茎が柔らかい球根花を固定する役目を持つので、花を入れるスペースを考慮しつつある程度密に作り、高さを出す。フローラルフォームの表面は枯れ葉で覆う。

花は白いヒヤシンスから挿す。必要な長さにナイフでカットし、花と葉がばらけないように根元を輪ゴムで縛る。ヒヤシンスの太さに合った枝などでフォームに穴を空けながら挿すとよい。

ヒヤシンスは蕾のものも混ぜると、時間が経ったときに表情が出る。あとから花を配置する空間を考えながら、中心ははずしてシンメトリーにならないように全体に挿す。

紫のヒヤシンスを配置する。茎が長すぎると感じるものは、根元をカットして葉を茎からはずして分解し、花の位置をずらして組み直す。

葉と花の位置を好みの位置に揃え、根元をナイフで必要な長さにカットする。

紫のヒヤシンスを、先に挿した白いヒヤシンスの間に配置する。このとき、左右対称にならないように。これでアレンジメント全体の高さが決まる。

クリスマスローズをヒヤシンスの間に挿す。地面の近くに咲く花なので低く配置すること。内側だけでなく周囲にも挿す。全体のバランスを見るため、花器を回しながら行う。

小花を入れていく。ワスレナグサは雰囲気を出すための材料。飾っている間に成長するので、その空間を考えて挿す。少し斜めに配置すると、自然に咲いている様子が表現できる。

ラケナリアを入れる。主役の花なのでヒヤシンスより高くなるように配置。ここからはアレンジメントの正面を決め、左から右に向かって同じ方向に、間を埋めるように配置する。

一方向に挿していくのは、ラケナリアは茎が柔らかいので、作業中に手があたって折れて傷がつくのを避けるため。紫系と黄色、2色のラケナリアを色のバランスを見ながら配置する。

ムスカリは球根をつけたまま入れる。フローラルフォームに指で穴を空け、ギュッと押さえて倒れないように固定する。ムスカリも色のアクセント。全体のバランスを見ながら入れる。

バイモユリを入れる。細く動きのある葉も特徴があるので、これを生かす。直線的な花材が多いなかで変化がつく。ラケナリアより少し高い位置に全体に入れる。

バスケットの周囲に沿って枯れ葉を入れ、フローラルフォームが見えないようにカバーをしつつ空間を埋める。短く切った樹皮も同様に。内側の花の間にも少し枯れ葉を入れる。

完成。真横から見たときに、内側に入れた樹皮ははっきりとは見えないが、見え隠れすることで奥行きが出せる。周囲にも枯れ葉と樹皮を入れ、バスケットとの一体感を出している。

春を待つやわらかな色のブーケ・マリエ

Bouquet de mariée du printemps bleu rose

　まだ寒い日は続くものの、市場にはやわらかいパステルカラーの花が並び、少しずつ春の雰囲気も感じられるようになってくる頃。そんな季節に贈るウェディングブーケです。

　インスピレーションの源は、市場で見つけた2種類のバラ。くすんだピンクの'ショコラロマンティカ'と、ロゼシャンパンの泡のような淡いピンクの'ロゼドリュヌ'で、ともに香りのよい品種です。'ショコラロマンティカ'は、咲いてくると中の花弁がブラウンベージュになることから、この名がついているそう。これらのバラの色に合わせて同色のラナンキュラスとスイートピーを選び、ボルドーカラーのスイートピーとアストランチア、紫のスカビオサ

へと色をつなげ、ワスレナグサの青をアクセントに配して全体の色みを引き締めて、大人っぽい雰囲気に仕上げました。まだ残る冬の澄んだ空気と、春の優しい光が感じられるようにデザインしています。

　花嫁が持つブーケなので、花はたっぷり贅沢に使用します。バラは同じ品種が並ばないように全体にまんべんなく配し、スイートピーは2本ずつグルーピングをして質感を出しながらラウンド形に束ねます。高低差はつけずに、色のグラデーションを見せるようにしましょう。

　束ねるテクニックはスパイラルですが、結束の際には茎の上下2カ所を麻紐で結んで広がらないようにし、花嫁が持ちやすい形にまとめま

す。リボンなどで装飾はせず、茎の美しさを含めた花の魅力を表現するのが、ヨーロッパのウェディングブーケのスタイル。360度、どこから見ても美しく、片手で持ってもさまになるブーケです。

〈花材〉

バラ（ショコラロマンティカ、ロゼドリュヌ）／ラナンキュラス／スイートピー／スカビオサ／アストランチア／ワスレナグサ／アカシア／ゼラニウム

〈花合わせのポイント〉

・ニュアンスカラーのピンクのバラ2種類を主役に。
・バラに色をつなげて春の花を合わせ、ワスレナグサのブルーをアクセントに。

庭の春を家で楽しむアレンジメント

Jardin dans la maison

　少しずつ日差しが和らいでくる季節に、待ち遠しい春の雰囲気を家の中に取り入れるアレンジメントです。ナチュラルでありながらも華やかな雰囲気を持つパンジーを主役に、早春の庭に育つような植物を合わせ、小瓶に入れて飾りました。

　パンジーは、切り花のパンジー生産で名高い群馬県「みやび花園」が栽培する３品種を使用しています。パープルの濃淡を中心に色みが豊富で華やかなフリル咲きの'粋'を最初にセレクト。この色から引っ張って残り２種類のパンジー、淡いピン

クの'春うらら'と、淡いイエローからオレンジの'アプリコットシェード'を選びました。ここに、寒さで葉が色づいたミントや、かたい蕾をつけたアカシアなど、冬と春を橋渡しする材料を合わせています。

　水を入れた小瓶を古道具の天板に並べ、瓶の間のスペースに高低差をつけてコケボクを配置し、枝同士を絡ませて固定します。ミントと銀葉アカシア'プルプレア'を瓶に投げ入れて全体の形を決めたら、パンジーやそのほかの花を全体の色や形のバランスを見ながら加えていきます。

　四方見のアレンジメントなので、パンジーは花の向きをよく見ながら、一定方向を向かないように配置しましょう。アレンジメントの高さはパンジーに揃えて低めにし、まだ浅い春の庭の一角を切り取ったような雰囲気にします。

　瓶は家にある空き瓶を活用しましょう。フローラルフォームよりずっと手軽にアレンジが楽しめます。今回は、茶色とクリアの２種類で変化をつけました。瓶の中に透けて見えるアカシアの蕾も楽しいアクセントになります。

〈花材〉

パンジー（粋、春うらら、アプリコットシェード）／ミント／銀葉アカシア'プルプレア'／ワスレナグサ／ツルバキア／クリスマスローズ／コケボク

〈花合わせのポイント〉

- パンジーを主役に、早春の庭に育つような植物を合わせる。
- 華やかなフリル咲きから色を引っ張り、ほか2種類を選択。
- 冬と春を橋渡しする材料を合わせる。

森で集めたスズランと春の小花のパニエ

Cueillette des bois dans une jolie corbeille

4〜5月にかけて旬を迎えるスズランは森の中の湿った半日陰に自生し、可憐な花が魅力です。幸福を呼ぶ花といわれ、フランスでは、5月1日のメーデーを「スズランの日」と呼び、愛する人に贈る習慣があります。一般市民も森の中で摘んだスズランを町や村の好きな場所で売ることが許される、特別な日です。

森でスズランと一緒に摘んだ植物をパニエ（バスケット）に詰めたイメージでアレンジメントを制作しました。花材は白とグリーンの森で摘んだ雰囲気を持つ花を中心に、シダなどの下草を連想させるグリーンを選択。ハーブも加え、スズランとともに香りの楽しみを膨らませています。カモミールの黄色とワスレナグサの青が春の明るさを表現します。

器となるパニエは、アンティーク風の持ち手つきのものをセレクト。こっくりとした色みと味わいのある形は植物との馴染みもよく、ナチュラルな雰囲気が演出できます。

スズランは、根つきのものと、根をカットしたものを合わせて約40本を用意。根つきのものはフローラルフォームの上に置き、根をカットしたものはフォームに挿します。このようにスズランで高低差をつけ、ほかの花材はスズランより高くならないように配置することで、主役のスズランを目立たせました。

スズランの日にスズランを売るためにはいくつか規則があります。森で摘むときは翌年も咲くように根は残すこと、花屋から離れた場所で売ること、売るのはスズランのみ……。ですから、このパニエは、あくまでスズランの季節の森のイメージ。私にとって懐かしい春の風物詩を、フラワーデザインに託しました。

〈花材〉

スズラン／ワスレナグサ／カモミール／シレネ'グ
リーンベル'／バイモユリ／ヤマブキ／トリフォリ
ウム／ニゲラ（実）／ミント／ゼラニウム／タマシ
ダ／ナズナ／ラグラス'バニーテール'／アイビ
ー／ヤマゴケ

〈花合わせのポイント〉

- スズランをメインに、森で摘んだ雰
  囲気の花材をセレクト。
- 白とグリーンの山野草のイメージを
  持つ花を中心に、下草を連想させ
  るグリーンを合わせる。

森の中の春の息吹

Fleurs de printemps enchevêtrées dans un morceau de forêt

　花やグリーン以外の素材から、作品作りのインスピレーションを得ることは多いです。このアレンジメントの発想の原点は、市場で見つけたミツマタの樹皮。ミツマタは3つに分かれた枝先が特徴的で、フラワーデザインでは枝物として一般的です。繊維が長くて強く、しなやかな樹皮は和紙の原料として知られます。

　このミツマタの樹皮を市場で見つけたとき、その色と質感、手触りに強く惹かれました。細長く動きのある形状は、春の繊細な小花と合わせると面白いデザインになるのではと

発想が広がって生まれた、春の森を連想させるような作品です。

　花材は森の印象が強いスズランをメインに、春の球根花でその形と色が印象的なムスカリを合わせました。白と青の組み合わせでナチュラルな印象を作り出します。

　円形のトレーの上に吸水させたフローラルフォームをリース状にセット。周囲に樹皮をふんわりと空間を持たせて配置し、ベースを作ります。ベースは、繊細な春の小花を固定する役割を持ちます。この間に、花材を1本1本、丁寧に挿していきます。

色のバランスを考えながら、自然な動きが出るように適度な空間を取るようにすることがポイントです。森に落ちた小枝や枯れ葉の間から花が芽吹き、顔を出しているようなイメージです。

　スズランは約40本使用。香りを際立たせると同時に、アレンジメント全体に立体感を持たせました。

　クリスマスローズは低いところに配置し、樹皮との色のグラデーションを表現しています。見る角度によって、さまざまな表情が楽しめるアレンジメントです。

〈花材〉

スズラン／ムスカリ／クリスマスローズ／ラケナリ
ア／ビオラ／フリチラリア／アイビー／ヤマゴケ
／ミツマタ（樹皮）

〈花合わせのポイント〉

・ミツマタの樹皮の色と質感に合わ
　せ、繊細な小花をセレクト。
・スズランをメインに、白と青の花を
　組み合わせてナチュラルな印象に。

アール・ヌーヴォーの
ミュシャの絵画をイメージして

Comme un tableau de Mucha inspiration, Art nouveau

ランの中でも独特の色と形、質感を持つパフィオペディルム。白と、白とブラウンが混じった品種をメインに、フランスの祖母から受け継いだ、小花とリボン装飾が施されたアンティークのジャルディニエール（花器）と合わせたアレンジメントです。

パフィオペディルムの白と、花器のゴールドの色の組み合わせから思いついたのは、古き良き時代のフランスで生まれた芸術様式、アール・ヌーヴォーを代表する画家、アルフォンス・ミュシャの絵画です。ミュシャの絵画の特徴である、ブロンドの女性を取り巻くしなやかな曲線模様や植物と、やわらかな配色からインスピレーションを得てデザインしました。サブの花は、春の繊細な小花を中心に。グレーがかったブラウンのスイートピーを選び、白とグレーの世界につなげ、フリチラリアやムスカリなど、季節の球根花を色のアクセントに。アール・ヌーヴォーを意識し、自然な印象にまとめています。構成は一方見で。最初にベニツゲやミントを低めに配置し、西洋ナズナを少し高めに挿します。これらのグリーンは次に挿す小花を固定する役目も持ちます。

スイートピーは全体にまんべんなく配置し、個性的な色の印象を強めましょう。ラケナリアは繊細で折れやすいため、先に挿したものを触らないように注意しながら作業します。球根花は根つきのまま入れ、シレネ'グリーンベル'で動きを出し、パフィオペディルムは最後に、顔の向きをよく見て高低差をつけて挿します。春のやわらかく軽やかな植物のイメージを感じさせる、シックなアレンジメントの完成です。

〈花材〉

パフィオペディルム／スイートピー（染め）／ムスカリ／フリチラリア／ラケナリア／シレネ'グリーンベル'／クリスマスローズ／ミント／西洋ナズナ／ベニツゲ

〈花合わせのポイント〉

___

• パフィオペディルムを主役に春の繊細な小花を合わせる。
• 球根花を色のアクセントに。
• スイートピーは全体に配し色の印象を強める。

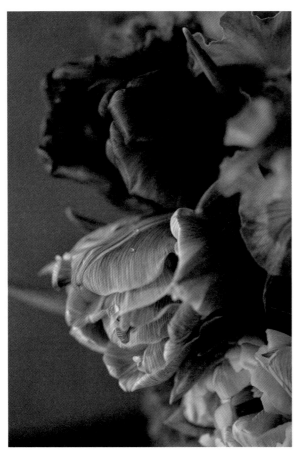

チューリップを見せる春のブーケ

Bouquet de tulipes atypiques et fleurs du printemps

チューリップは誰にとっても馴染みのある春の代表花の一つ。色や形、咲き方が多種多彩です。特に私が気に入っているのは、八重咲きやパーロット咲きの品種です。開花前の、くしゃっとした状態から、花が開くにつれて華やかに姿を変えていく様子は見ていて飽きません。

八重とパーロット、2種類の紫系のチューリップを選び、そこから色をつなげて選んだ春の花をたっぷり束ねてブーケを制作しました。白に細い紫色のラインの入った八重咲きのチューリップは染めの花ですが、自然で、優しい色みであることからセレクト。そのラインの色にリンクさせ、濃い紫のチューリップ'ネグリタパーロット'を合わせ、色の濃

淡で変化を出しています。

花びらの縁に切れ込みが入り、開くとオウム（パロット）の羽のように広がる形が名前の由来といわれる、パーロット咲き。その優雅な姿は、ブーケやアレンジメントに表情を与えてくれます。

チューリップの魅力は、しなやかな茎の動きにもあります。飾っているうちに茎が伸びて成長することを考え、そのスペースを確保しながら束ねることが鉄則です。ただし、このブーケの場合は高低差をあまりつけず、色を塊で見せるように構成することがポイント。同色系の花の濃淡の中で、それぞれの色や形の違いを楽しむことができ、茎が伸びてきてもばらけた印象になることがな

く、美しい形が保てます。

太陽の光に向かって、自由に伸びていくチューリップの生命力あふれる様子と、艶やかな色とのコントラストが魅力のブーケです。

〈花材〉

チューリップ（ネグリタパーロット、染め）／スカビオサ／パンジー／スイートピー／アストランチア／銀葉アカシア／ゼラニウム／セイヨウイワナンテン／ヘデラベリー

〈花合わせのポイント〉

- 八重とパーロット、咲き方の異なる2種類のチューリップを選択。
- 紫系の濃淡を選び、ここから色をつなげた春の花をたっぷり合わせ、表情を出す。

思い出のライラック

Souvenir d'odeur du lilas

可憐な小花が集まり、房状に咲くライラックはキンモクセイ科の落葉低木です。4〜5月になると、たわわに実る果実のように枝先で揺れる姿は可愛らしく華やかで、ヨーロッパでは特に愛されている花木です。

フランス語でリラと呼ばれるライラックは、香水の原料ともなるその香りの素晴らしさでも私たちを魅了します。季節になると庭や公園、街路樹から漂う、甘く優しい香り。ロワール地方の祖父の家の庭にもライラックが植わっていました。子供の頃は遊びに行くといつも木に登って

は、その芳香を楽しんだ思い出があります。フラワーデザインではサブ花材として使われることの多いライラックですが、ここでは主役にし、アレンジメントを制作しました。

ライラックの色は薄紫と淡いピンク、咲き方も八重と一重の2種類をセレクト。庭に咲いているような自然な様子を表現するため、蕾や咲きかけのものをミックスしています。

合わせるサブ花材はライラックより小さいものを選び、主役を目立たせることがポイントです。色は、セントーレア'ブラックボール'のよ

うな黒っぽい花や、ベニバスモモなどダークな色みのものを選ぶと主役が浮き立ちます。同色系を持ってくると、デリケートな色みの小花の集まりであるライラックと同化し、全体にくすんだ印象になるため注意することが必要です。

スグリの花やアフリカンブルーバジルなど、野に咲くような花材を混ぜ、動きを出すことを意識してナチュラルな印象に仕上げます。一方で、花器はヨーロピアンアンティーク調のものをセレクト。古城で名高いロワールの風景を意識しました。

〈花材〉

ライラック／クリスマスローズ／リナリア／アンジ
ェリア／セントーレア'ブラックボール'／アフリカ
ンブルーバジル／ベニバスモモ／ガーデニア／
スグリ／アストランチア

〈花合わせのポイント〉

・淡い紫とピンクのライラックを主役
　に。
・蕾や咲きかけのものを混ぜ、庭に
　咲くような自然な様子を表現。
・サブ花材は小さい花を選び、主役
　を浮き立たせる。

森の奥深く潜む妖精たちの水辺

La mare aux fées

パリから約60km南東に位置するフォンテーヌブローの森。もともとは王の狩猟場として利用され、多くの印象派絵画の背景として描かれてきた歴史ある場所です。木漏れ日が差し込むその広大な森の中に、「ラ・マール・オ・フェ」という名の池があります。日本語に訳すと「妖精の池」。まるで妖精が住んでいるかのような神秘的な雰囲気から、この名がついたのでしょう。その言葉のイメージからヒントを得て制作したアレンジメントです。

花材は、春の訪れを象徴するヒヤシンスの球根を中心に、スイートピーやパンジーなど優しい雰囲気の草花系をセレクト。色はヒヤシンスの青紫につなげ、濃い紫からピンクで選び、ここに動きのあるグリーンを合わせ、自然の中の水辺をイメージさせるようにデザインしました。

水盤に吸水させたフローラルフォームをリース状にセットしたら、最初にヒヤシンスを配置してアレンジメントの高さやイメージを決め、ほかの材料を挿していきます。上からのぞき込んで見るようにしたいので、高さは抑えましょう。マメの花は、くるくるとした蔓の表情を生かすように配置。ラグラスは少し高い位置に入れ、ふわふわとした丸みのある穂と淡いグリーンがアクセントになるように構成します。向きは揃えず、さまざまな方向を向くようにすることで動きが出せます。

中央の空いたところに水を張って池に見立て、妖精たちが水辺で遊んでいるような、楽しげな様子を表現しました。水面に写り込む植物の姿が、幻想的な雰囲気を作り出します。ヒヤシンスが開花し、成長すると見せる華やかな表情も魅力です。

〈花合わせのポイント〉

- ヒヤシンスを中心に、スイートピーやパンジーなど、春の訪れを感じる優しい草花系をセレクト。
- 動きのあるグリーンで、自然の中の水辺を想像させるデザインに。

〈花材〉

ヒヤシンス／パンジー／スイートピー／セリンセ
／マメの花／ワックスフラワー／ワスレナグサ／
アストランチア／ラグラス'バニーテール'／トケイ
ソウ／スモークグラス／アカシア／ガマズミ

春のディープカラーのブーケ

Bouquet printanier de couleurs sombre

　冬の寒い時期から花を咲かせ、5月までの長い間、その可憐な姿で私たちの目を楽しませてくれるパンジー。ベルベットに似た質感と、やわらかい雰囲気のフリル状の花弁、色の魅力を存分に表現した、パンジーが主役のブーケです。

　花色や咲き姿が豊富で、最近ではくすんだ色みの品種も人気のパンジー。ここでは、黄色と紫の、誰もが思い浮かべるパンジーらしい艶やかな色みのものをセレクトしました。さまざまな色が混ざった、独特な雰囲気のある鉄製の花器に飾りたいと考えたからです。リサイクルの鉄材で作られたインド製で、黒がベースのマットな色みとラフな風合いに惹かれて購入しました。

　パンジーのみではコントラストが強くなりすぎるので、間をつなぐためにニュアンスカラーのライラックとクリスマスローズをサブ花材として選んでいます。ライラックの香りはパンジーと同調し、春らしさをもたらしてくれます。

　パンジーの茎は中が空洞になっておりデリケート。優しく握りながら束ねましょう。花の表情をしっかりと見せるため、クッショングリーンの銀葉アカシアとゼラニウムは正面からは見えないように入れることがポイントです。

　パンジーの色の配置にも気を配りましょう。全体的に同じ色が固まらないようにし、なめらかなグラデーションにすることを意識します。あまり高低差をつけず、コンパクトなラウンド形に仕上げることで、その美しさが引き立ちます。パンジーの間から見え隠れするライラックや銀葉アカシアの蕾が春の芽吹きを想像させ、気持ちが弾むブーケです。

〈花材〉

パンジー／クリスマスローズ／ライラック／アストランチア／銀葉アカシア／ゼラニウム

〈花合わせのポイント〉

- 器の色みに合わせて紫と黄色の濃い配色のパンジーを選択。
- クリスマスローズとライラックを混ぜてコントラストを和らげる。

フランスと日本の春の訪れ

Arrangements de cerisier en fleurs

フランスで本格的な春の訪れを告げる花といえば、スズラン。日本では、サクラでしょう。フランスと日本、2つの国の春を象徴する花を使い、まだ浅い春の森を連想させるようなアレンジメントを制作しました。

フランスの森に咲くスズランと、日本の山を彩るサクラ、個性の違うこの2つを橋渡しするサブ花材は、コケボク。サクラは、線の要素が強い小枝を選び、繊細なスズランとの融合を考えました。2つの花を邪魔しない色と同じく線の要素を持つエノコログサを合わせ、自然豊かな田舎の風景をイメージし、風が通り抜ける雰囲気を作り出します。

吸水させたフローラルフォームを

セットした水盤の上にヤマゴケを敷き詰め、最初に茎の柔らかいスズランを全体的に挿します。続けて、サクラとコケボクを、スズランを傷つけないように注意しながら配置していきます。コケボクは、長さ1mのものをカットして使用。コケが生えている側が正面、または上を向くようにしながら、水盤の上に置く枝は太めのもの、立てて挿すものは細めのものを選ぶようにします。

コケボクとサクラ、2本の枝物が喧嘩しないよう、枝同士に適度な空間を設けながらバランスよく挿していくことがポイントです。風の通るスペースを意識しましょう。サクラは、花の向きを見極め、空に向かって枝を伸ばす様子を表現するため、

高低差をつけます。最後にエノコログサを全体に挿して完成。枯れた色と風合いが、枝が多くかたくなりがちな全体の雰囲気を和らげます。

霧を吹くとコケの色が緑に変わり、違ったニュアンスが楽しめます。

〈花材〉

コケボク／スズラン／ケイオウザクラ／エノコログサ／ヤマゴケ

〈花合わせのポイント〉

- コケボクを土台にし、山の中の空気感を表現。
- 春の山を彩るサクラにフランスの森に咲くスズランを合わせ、日仏の自然を融合させる。

ジャルディニエールに生けたブロンズ色のラン

Composition de couleur bronze avec des sabots de Vénus

P.24の作品でも使用しているパフィオペディルムと、フランスに住む祖母から受け継いだアンティークのジャルディニエール（花器）。祖母が庭のバラを生けていたこの器とパフィオペディルムの相性は、実はとてもよいのです。時を経たブロンズカラーが独特の艶感に合います。

このアレンジメントは茶や紫、白、黄色、緑など、さまざまな色が混じった品種を合わせ、色のグラデーションを見せるように制作しました。

サブ花材は、パフィオペディルム同士の色をつなぐような絞りの入ったスイートピーや、クリスマスローズを選択。ここに、銀葉アカシアやセイヨウイワナンテンなどのダークな色みの葉物を合わせました。

壁の前に飾ることを想定し、三方見で構成します。花器に吸水させたフローラルフォームをセットしたら、最初に葉物を挿してベースを作ります。これは、パフィオペディルムの花弁を保護する役目も持ちます。その際、どこにパフィオパディルムを配置するかを想像しながら挿しましょう。パフィオペディルムは、さまざまな表情を見せるため、挿す角度はランダムにし、花が真正面を向かないように気をつけながら、高低差をつけて配置します。続いて間にクリスマスローズやスイートピーを入れていきますが、これらも自然な雰囲気を作るように心がけます。

銀葉アカシアは下にあふれるように挿し、アイビーとセイヨウイワナ

ンテンで横に広がりを出すことで、
のびやかな印象になります。同時に、
切り花としてのパフィオペディルム
は葉がない状態なので、これらの葉
物がつなぎとなり、花器とパフィオ
ペディルムに一体感が出ます。

〈花材〉

パフィオペディルム／クリスマスローズ／スイート
ピー／銀葉アカシア／アイビー／セイヨウイワナ
ンテン／エリカ／ミント／ベニツゲ／アジサイ

〈花合わせのポイント〉

- パフィオペディルムはさまざまな色
  が混じった品種を合わせる。
- 色をつなぐ役割でサブ花材を選び
  ダークな色のグリーンでまとめる。

夏 | Été

アンティークローズのブーケ・ジャルダン

Bouquet d'été du jardin de roses antique

　バラは春から初夏の花の印象があ
りますが、市場には通年で魅力的な
ものが出回っています。このブーケ
は夏のガーデン（ジャルダン）のイ
メージで制作しました。春なら淡い
ピンクを中心とした優しい色合いで
まとめますが、夏らしい華やかさを
演出するため、ピンクから紫のはっ
きりとした色みで構成しています。
メインのバラは 'パリス'。外側の
花弁は濃いピンクで、内側に向かっ
て色がグラデーションになる様子が
艶やか。'モナローム' は、紫がか
ったピンクで花が大きく、香りも芳
醇で存在感のある品種です。ここに
ナチュラルカラーのバラ 'ジュリア'
と、バラの香りと相性のよいハーブ
をたっぷり合わせて、眩しい光が降
り注ぐ夏のガーデンを表現しまし
た。

〈花材〉

バラ（パリス、ジュリア、モナローム）／アストランチア／ラベンダー／シレネ'グリーンベル'／マウンテンミント／オレガノ／アフリカンブルーバジル／リョウブ／ヒメミズキ

〈花合わせのポイント〉

- 主役のバラはピンクから紫のはっきりとした色を持つ品種をセレクト。夏らしい華やかさを演出する。
- ハーブを多めに合わせ色と香りで夏の庭を思わせるようなブーケに。

＞作り方

すべての花材の、ブーケを握る手の下にくる葉を取り除く。バラはナイフでトゲを取り除く。茎が長いものは30cm程度の使いやすい長さに切り、種類ごとに分けて並べる。写真は、このブーケに使用するだいたいの花材の量。バラ'パリス'がメインになるので多めに用意する。

束ねるテクニックはスパイラル。バラ'パリス'の中でもっとも茎がまっすぐで花が美しいものをブーケの中心となる1本目とし、バラ'ジュリア'とラベンダーを合わせて持つ。

ブーケを回しながら、リョウブやヒメミズキなどのグリーンとハーブをクッションとして入れ、バラ'モナローム'を加えた3種類のバラをバランスよく束ねていく。

ラベンダーのように茎の細い材料は、数本まとめて入れる。ラベンダーはブーケの輪郭から飛び出すように入れると動きが出せる。

さらに花材を足す。バラ'ジュリア'は、ほかの2種類のバラをつなぎ、中和させる役割。この2種類のバラのみだと色が強いので喧嘩してしまうため。

さらに花材を足していく。アフリカンブルーバジルやオレガノ、リョウブも飛び出すように入れると効果的。バラの間にしっかりグリーンを入れていくと、バラの顔が引き立つ。同じ種類のバラを続けて入れないように注意する。

花材がほぼすべて入った状態。最初に入れたバラ'パリス'を中心として、3種類のバラが1カ所にかたまることなくバランスよく配置されている。

ブーケを握っている手の
すぐ上に、花や茎を保護
するためにヒメミズキなど
のグリーンを入れる。上
や横から見て花の位置
を確認したら、麻紐でブ
ーケを縛る。

麻紐で縛る位置は、茎が重なりもっとも細くなっ
たブーケの支点となる部分。紐の端5cm程度を
ブーケを握っている手の親指で押さえながら巻
いていく。縛り方の詳細はP.11を参照。

麻紐でしっかりと縛らないと、せっかく束ねたスパ
イラルの茎が閉じてしまったり、茎がばらける結
果に。きつく束ねられたブーケは持ったときに実
際より軽く感じられる。

余分な茎をカットする。茎
の長さは、麻紐で結束し
た部分を基点として、ブ
ーケ全体の高さの1/2よ
り少し短くする。

完成。バラ'パリス'は、蕾
の状態、咲きかけのもの、
開花したものを混ぜてい
る。それぞれ色の雰囲気
が違うため、ブーケに表
情が出る。

夏 | Été

アジサイのグランコンポジション

Grande composition d'hortensia d'inspiration classique

コンポジションとは、フランスでは手で束ねるのではない花の飾り方のことをさし、日本のアレンジメントにあたります。日本では梅雨の時期に美しく咲くアジサイを、メディシススタイルの花器にダイナミックにアレンジしました。三方見のクラシカルなスタイルです。アジサイは、アンティークテイストの青から紫の色みで統一。丸い形のものと、野生的なガクアジサイを混ぜています。みずみずしいリョウブや、まだ色づく前のブルーベリーなど季節を感じる植物をたっぷり合わせて、涼やかな印象に仕上げました。アメリカテマリシモツケ'ディアボロ'の赤い色と、アザミにも似たゴボウの花がアクセントになっています。

〈花材〉

アジサイ／ガクアジサイ／アメリカテマリシモツケ'ディアボロ'／リョウブ／ブルーベリー／ゴボウの花

〈花合わせのポイント〉

- アジサイは青から紫の涼やかな色みのものを選択。
- 季節の枝物や実ものをたっぷりと合わせて、自然な印象に。色のアクセントにアメリカテマリシモツケ、夏らしさの演出としてゴボウの花を。

夏 | Été

> 作り方

口径約20×高さ約40cmのメディシス花器に吸水させたフローラルフォームをセット。アレンジメントのサイズは幅約80cm、高さは器の縁から約60cm（器の高さの1.5倍）を目安にする。

アメリカテマリシモツケ'ディアボロ'でアウトラインを作る。フローラルフォームに挿したときの高さが約60cmになるようにナイフでカットし、中央からやや後ろに斜めに挿す。ここでアレンジメントの形を決める。

最終的に中央から放射状に広がる形になるため、これをイメージしながら、左側、右側、手前の順にアメリカテマリシモツケを挿す。奥から手前に向かって低くなるように。アウトラインの完成。

アジサイを挿す。アジサイは茎をナイフで必要な長さに斜めにカットしたら、中の白いワタを取り除いて吸水をよくする。断面の面積を広くするとその効果が高まる。

アジサイを挿す。花の大きいものはあとから入れにくくなるので、先に配置する。アメリカテマリシモツケと同じ要領で奥、左右、手前の順に挿す。奥から手前に向かって挿すことで奥行きが出せる。手前には色や形がきれいな花を入れる。

中ぐらいから小ぶりのアジサイを間に入れる。アジサイの向きを見極め、色と形を見ながらジグソーパズルのように間を埋める。ここでアレンジメントのおおまかな形が完成。

蕾や、開きかけのもので底辺やサイドの空いているところを埋めてアウトラインをつなぐ。蕾が入ると変化がついてアクセントになる。奥にも入れると奥行きが出せる。

ガクアジサイ以外のアジサイがすべて入った状態。最終的にアメリカテマリシモツケはアクセントとして見え隠れする程度になる。花の位置や大きさのバランスが左右対象になっていないかを確認する。

ゴボウの花を入れる。ゴボウの花は正面から挿すと花がボコボコしていて入れにくいため、斜め後ろから入れるようにするとよい。

ゴボウの花は、中心をはずして、左右と上部の3カ所程度にアジサイの間に入れる。グリーンのトゲの部分に透け感があるので、ボリュームのあるアジサイの中で涼しげな印象をもたらす。

ガクアジサイを入れる。青と紫のアジサイがかたまっている中央のフォーカルエリアに。ボリュームのあるアジサイに対してのアクセントになる。

リョウブを入れる。アウトラインから少し花が飛び出すように入れて動きを出す。

正面から見た足元にブルーベリーを入れる。季節感を表現するための遊び心のある材料なので、ある程度目立つ位置に。まだ青い実のときは、かたくて潰れることがないため使いやすい。

全体の色のバランスを確認し、赤色が足りないと思う場所にアメリカテマリシモツケを挿す。ここでは、足元の空間がある場所。右上の赤い色とのつながりを作るため。完成。

Pick up!

完成したアレンジメントを真横（左）と後ろ（右）から見た様子。三方見のアレンジメントの場合、正面から見てバランスよく構成するためには、中心となる花の後ろにも花材を入れることが必要。

ジャーマンアイリスの咲く箱庭アレンジメント

Paysage du jardin où fleurissent les iris

ジャーマンアイリスは、昔からフランスで広く愛されている花の一つです。5〜6月にかけて長い茎に花を咲かせ、庭や畑の中で草花に混じりスッと伸びている風景はフランスの風物詩。そんな自然の風景を切り取り、箱に詰めこんだようなアレンジメントです。

ジャーマンアイリスは、青から赤紫色の品種をセレクト。この色に合わせ、同じ季節に庭に育つような草花系の材料を集めました。釣鐘形のカンパニュラやホタルブクロ、ジキタリスや、レースのように繊細に揺れるオルレアなど、花の咲き方や形に変化を持たせることで自然な印象を作り出せます。グリーンも葉が大きくボリュームのあるナズナ‘グリーンハート’やグラミネなどで、バリエーションをつけました。花器は、配送用に使われ、役目を終えた木製の箱をセレクト。庭や畑にある木のフェンスをイメージしています。

ジャーマンアイリスの植物としての美しさを見せるためには、長さを生かすことが重要です。木枠の底に吸水させたフローラルフォームをセットしたら、手前に3カ所、後ろに3カ所、空間を空けてグルーピングで配置。外から見えるフォームの縁の部分はヤマゴケでカバーをし、アイリスの間にほかの花材を背の高いものから挿していきます。このとき、奥から手前に向かって低くなるようにし、アイリスを目立たせましょう。小花は、ところどころ木枠の間から飛び出すように入れると動きが出て、自然な表情が加わります。

ジャーマンアイリスの1輪の花の日持ちは1日程度ですが、長い茎についた花が次々と開花するため、長く楽しめるところも魅力です。

〈花材〉

ジャーマンアイリス／カンパニュラ／クリスマスローズ／オダマキ／ジキタリス／フロミス・チューベローサ／ホタルブクロ／アガパンサス／オルレア／ボリジ／ナズナ‘グリーンハート’／ゼラニウム／グラミネ／ヤマゴケ

〈花合わせのポイント〉

- ジャーマンアイリスは、青から赤紫色の品種をセレクト。
- この色に合わせた草花系の材料を集め、花の咲き方や形に変化を持たせて自然なイメージに。

アジサイと4つの器のアンサンブル

Composition d'hortensia dans un assemblage de vases en verre

　メタリックシルバーの色に惹かれて購入した、コロンとした形の花器。材質はガラスで、表面に特殊な加工が施してあり、独特の質感や手作り風であるところに個性を感じます。このまま花を生けても様になりますが、いくつか並べて使うほうが花器の特徴をより表現でき、デザインとして面白いのでは、と考えて制作した投げ入れのアレンジメントです。

　主役の花は、季節のアジサイ。細長く厚みのある木の板にワイヤーで作った曲線を描くフレームを固定し、ここに4つの花器を並べて動か

ないようにセット。ワイヤーは新しいものより錆が生じているもののほうが、器の雰囲気に合います。

　最初にウメの枯れ枝を生けて、これを花留めにしてアイビーを入れ、アジサイやほかの花材を加えていきます。花がつながって見えるように、横に広がるデザインにしていることがポイントです。こうすることで高さはなくても、ダイナミックな印象になります。高さがない分、上からの目線も意識することが大切。上から見て美しいかどうか、表情を確認しながらアレンジしましょう。丸い

アジサイに対し、円錐形のリョウブの花で動きを出します。

　アジサイは、紫からピンクのニュアンスカラーのものをミックスで使用。アトリエ前にある花壇から摘んだ野性的なものも混ぜています。夏の太陽に焼けて茶色くなったコバンソウも花壇で育ったもの。その色と姿が、シックでシンプルなアレンジメントの中で可愛らしいアクセントとなっています。

　冷たい水を入れると表面が結露してニュアンスが変わるところも、この花器の魅力です。

〈花材〉

アジサイ／アストランチア／リョウブ／アイビー／
コバンソウ／ウメ（枯れ枝）

〈花合わせのポイント〉

- アジサイはニュアンスカラーのもの
  を選び、ミックスして使用。
- 陽に焼けて茶色くなったコバンソウ
  の色と姿をアクセントに。

木枠の田園風アレンジメント

Fleurs d'été mélangé dans une cage en bois

　配送用に使われていた木製のボックス。役目を終えて解体され、残った木枠の風合いに惹かれました。ここからインスピレーションを得て制作したアレンジメントです。田園を散歩しながら集めたような花材を使い、自然な雰囲気にデザイン。夏の暑さが落ち着いて、初秋の涼やかな風が通り抜けるようなイメージに仕上げています。

　花は小さめで、野に咲いているようなものをセレクト。グレーがかった木枠の色みに合わせて、紫からピンクで揃えました。グリーンとのグラデーションが美しく見える色みです。草花系の花材はバスケットにアレンジしたり、そのまま束ねても素敵ですが、木枠の粗野な雰囲気と合わせることでコントラストがつき、面白みが加わります。

　木枠の底に吸水させたフローラルフォームをセットして枯れ葉を散らし、最初に紅葉ヒペリカムを挿してからグリーンを入れ、花をアレンジしていきます。色のグラデーションを見せることを考えて、配置はミックスで。高低差をつけ、1本1本の花の美しさが見える空間を意識しながら、ふんわりとした印象に作っていきます。

　一般的なボックスタイプとは違い、サイドから飛び出すように花材を入れることができるのも、木枠のアレンジメントならではの楽しさです。庭に無造作に置かれた箱の中に落ちた草花の種が芽吹き、成長して花を咲かせているような風景を作ることもできます。高さは出さず、木枠の中にある程度納めるようにすると、木枠の風合いが引き立ちます。

　360度、どこから見ても違った表情が楽しめるアレンジメントです。

〈花材〉

ジニア／アスチルベ／モナルダ／レースフラワー／シモツケ'ピンクイノセンス'／アストランチア／ヒマワリ／ユーパトリウム／マウンテンミント／ブルーベリー／ブラックベリー／グリーンスケール／スモークグラス／カライトソウ／アフリカンブルーバジル／マリーサイモン／ゼラニウム／オレガノ／紅葉ヒペリカム／枯れ葉

〈花合わせのポイント〉

- 野に育つようなグリーンと小花を集めて田園風に。
- グレーがかった木枠の色みに合わせて、花は紫からピンク系で統一。

ブルターニュの夏休み

Vacances d'été en Bretagne

フランス人にとって、夏といえばヴァカンス。パリジャンも夏の間は店を閉め、太陽と自然を求めて田舎へ向かいます。都会を離れて一日中、ただのんびり過ごす休日は最高に贅沢な時間。海に近いフランス北西部ブルターニュ地方は人気の避暑地。この時期には、いたるところで美しく咲くアジサイに出合います。

日本の梅雨の印象とは違ったアジサイが彩る風景を、アレンジメントで表現しました。ヴァカンスの終わりに、夏を惜しむテーブルに飾るイメージで制作しています。

アジサイは単調にならないよう色や花の大きさに変化をつけて3品種を用意。日本に自生する野性的なフチナシガクアジサイも混ぜ、青から紫を中心にピンクやグリーンなどを揃えました。サブ花材には、ブッドレアをチョイス。甘い香りを放つブッドレアは、チョウが集まることからフランスでは「チョウの木」とも呼ばれます。アジサイに香りがないため、夏の香りを楽しめるように選びました。ヒメミズキやホザキナナカマドなど季節の枝物も合わせ、自然な雰囲気を演出します。

水盤に吸水させたフローラルフォームをセットしたら、もっとも大きいアジサイをランダムに配置し、間をグリーンで埋めます。続いて中程度の大きさのアジサイを下のアジサイに重ねるように挿し、ブッドレアやアストランチアなどの小花を入れます。アジサイの新芽やフチナシガクアジサイなど目立たせたい花材は最後に。アジサイの色や大きさのバランスに留意しながら花器からあふれるようにデザインし、絵の具を塗り重ねた印象派の絵画のような、色の奥行きを表現しました。

夏｜Été

〈花材〉

アジサイ（フチナシガクアジサイ、ほか）／ブッドレア／ヒメミズキ／ゼラニウム／ホザキナナカマド／アストランチア

〈花合わせのポイント〉

- アジサイは単調にならないよう、色や花の大きさに変化をつける。
- 甘い香りを持つブッドレアを合わせ、香りのないアジサイに夏の芳香をまとわせる。

シャクヤクの甘い香りを束ねて

Bouquet d'odeur sucrée de pivoines

　フランスでは5〜6月に出回るシャクヤクは、甘い香りとピンクの花色、豪華な花姿で母の日に贈る花として人気です。日本の私のアトリエでは、毎年6月のレッスンで大人気の花。シーズンには、3週間で約2000本のシャクヤクを仕入れます。

　蕾がかたく、そのままでは咲かない場合もあるため、ある程度まで膨らませたり、レッスンの日に合わせて咲き方を調整したり。さまざまな品種をさまざまなタイミングで仕入れるために、レッスン期間、アトリエはシャクヤクであふれ、甘い香りに満ちます。そんなシャクヤクを贅沢に束ね、ブーケを作りました。

　シャクヤクの姿をしっかり見せるため、サブ花材はシャクヤクとは異なる形状の小花と枝物に限定。シャクヤクと同じ季節に花をつけるリョウブやヒメミズキ、ウツギを合わせてシンプルにまとめました。

　茎も花も重いシャクヤクは、開花したもののみで束ねようとすると形が作りにくく、安定しません。そのため、蕾も混ぜて高低差と凹凸をつけ、バランスをとることがポイント。枝物を間に入れて固定しながら、スパイラルで束ねていきます。特にリョウブは、シャクヤクの大きな花がすっぽりとおさまる形をしているため、季節感の演出だけでなく、留めの花材としても重宝します。

　アジサイは動きを出し、リズムをつけるための材料。花がシャクヤクのみだと溶け合ってしまい、逆に引き立たなくなるため、奥に沈めるように入れて立体感を出します。

　ふんわりとした甘い綿菓子のようなイメージのシャクヤク。限られた季節にしか楽しめないブーケです。

〈花材〉

シャクヤク（アルベルトクラウス、ガーデナー、ほか）／アジサイ／アストランチア／リョウブ／ヒメミズキ／バイカウツギ／ゼラニウム

〈花合わせのポイント〉

- サブ花材はシャクヤクと異なる形状の小花と枝物に限定。
- シャクヤクと同じ季節に花をつける枝物でシンプルにまとめる。

魅惑的なサラセニアのアレンジメント

Arrangements de feuilles de sarracenia dans un contenant d'écorce

北アメリカ原産のサラセニア。筒状になった特徴的な部分は葉で、ここに落ちた虫を捕らえて食する食虫植物です。観葉植物としてだけでなく、切り花としても人気があります。葉の大きさや色、形の種類が豊富で、柄も網目状だったり水玉模様だったりと、バリエーション豊か。私も好きな花材の一つです。

このアレンジメントは、艶やかな濃いピンクが美しく、市場で一目惚れしたサラセニアが主役。その魅力を表現したいと思い制作しました。

サラセニアの色とラインを強調す

るため、横に細長いデザインにしています。花器の周囲には、コルクガシの樹皮を貼りました。コルクガシはその名の通り、ワインの栓などに活用される樹木。その樹皮の色と手触りに惹かれて購入し、ストックしていたものです。生命力を感じさせるような、どこか野生的で力強いサラセニアの雰囲気に合うと考えて使用しました。コルクガシは高さは揃えず、凹凸をつけながらグルーガンで貼り付けることが、ナチュラル感を演出するポイントです。

サラセニアはピンクをメインに、

白、緑など数種類をセレクト。ピンクの色を強調するために形の似たカラーも混ぜ、ピンクから色をつなげた花材を合わせました。釣り鐘のような形で下向きに咲くホタルブクロとの対比により、上に向かって伸びるサラセニアの特徴が際立ちます。

横から見たときに、上部はピンク、中間部はグリーン、下部はブラウンという色彩構成になるように、段差をつけて配置していきます。

動きを出すために加えたパンパスグラスの葉の曲線が、デザインにやわらかさをプラスします。

〈花材〉

サラセニア／カラー／ホタルブクロ／モナルダ
／アストランチア／ワレモコウ／ゼラニウム／タイ
ム／オレガノ／オダマキ／パンパスグラス／枯
れ葉／コルクガシ（樹皮）

〈花合わせのポイント〉

・サラセニアはピンクをメインに。
・形の似たピンク色のカラーも混
　ぜ、サラセニアの色を強調。
・パンパスグラスの葉の曲線でやわ
　らかさをプラスする。

クラシカルな器に飾るバラ、'ローランb'

Roses d'automne dans un vase antique

静岡県三島の「市川バラ園」作出のバラ'ローランb（ベー）'はオレンジがかったブラウンカラーが魅力の品種です。「b」は私の苗字の頭文字ですが、brown（茶色）、beauty（美）の意味も込められています。季節によって色のニュアンスが変わるこのバラを主役に、アレンジメントを制作しました。

スプレー咲きのローランbの魅力は花だけでなく、葉の美しさと、野に咲くバラのような自然な茎の動きにあります。これらを表現するため、トゲのみを取り除いて葉は残し、茎の長さを生かして使用します。合わせるサブ花材は、山野草のイメージを持つホタルブクロやブッドレアなど数を最小限に抑え、バラを引き立

てました。

花器は、バラの色に合うアンティークゴールドのメディシス花器をセレクト。吸水させたフローラルフォームをセットし、レンギョウの枝を最初に挿してアレンジメントのサイズとアウトラインを決め、次にリョウブやホタルブクロや、そのほかのサブの花材の大部分を配置します。グリーンが主体のふんわりとした形のベースを作ってから、風が通り抜けるような空間を意識して、間にバラを挿していきます。

壁の前に飾ることを想定した三方見のアレンジメントなので、正面からすべてのバラが目に入るように構成しましょう。左右対称にはせず、中央にはホタルブクロを入れること

で目先が変わり、ナチュラルな印象が際立ちます。最後に、残った細かい花材を挿して完成させます。

野や庭で育つ植物を無造作に挿したような印象に仕上げるのが、このバラの美しさを引き立てるコツです。

〈花材〉

バラ'ローランb'／ホタルブクロ／ブッドレア／リョウブ／アストランチア／レンギョウ／エノコログサ

〈花合わせのポイント〉

- 季節によって色のニュアンスが変わるバラ'ローランb'が主役。
- サブ花材は山野草のイメージを持つものを。数は最小限に抑え、バラを引き立てる。

夏｜Été

夏のバラの
ガーデンスタイルアレンジメント

Arrangements de roses Julia et fleurs d'été

　スッと伸びた茎の先に、淡いブラウンからミルクティーのような色みの花を咲かせるバラ'ジュリア'。ウェーブがかった花弁もアンティークな雰囲気で、人気のある品種です。ここでは、花材の種類を抑えたナチュラルな印象のアレンジメントで、このバラの美しさを見せます。

　サブ花材は白とグリーンを中心にして、ジュリアの色を引き立てます。ヒメミズキやリョウブ、クチナシ、色づく前のブラックベリーなどの季節の材料に加え、レースフラワーやエノコログサなど夏の風に吹かれて揺れるようなものを集めました。花器は、自然な錆の色がジュリアに同調する、黒く平らな鉄製をセレクト。高さは出さずにコンパクトにまとめ、その空間の中で、ジュリアの世界観を表現しました。

　花器に吸水させたフローラルフォームをセットしたら枯れ葉を散らし、アジサイなど面積のある花材を最初に挿します。続いて、ジュリアやほかの材料を重ねるようなイメージで配置していきます。

　ジュリアは、細い茎の美しさも魅力です。その表情を見せることを意識して、ある程度の長さを出してアレンジしましょう。花の向きはランダムに、全体に散らばるようにし、グリーンの中で自然の風に吹かれ、心地よくそよいでいるような雰囲気に仕上げます。

　開花が早い品種なので、閉じた状態で挿しても翌日には開いてしまいます。アレンジをする際には開花したときのスペースを考慮し、その姿を想像しながら進めることも重要です。花持ちの期間は短いですが、開ききったときに見せる、花芯のオレンジ色も美しいバラです。

〈花材〉

バラ'ジュリア'／アジサイ／セダム／レースフラ
ワー'ダウカスロビン'／クチナシ／ブラックベリ
ー／シレネ'グリーンベル'／リョウブ／ヒメミズキ
／エノコログサ／コバンソウ(ドライ)／アストラン
チア／シンゴジウム／枯れ葉

〈花合わせのポイント〉

- 淡いブラウンからミルクティーのよ
  うな色のバラ'ジュリア'が主役。
- 野に咲く雰囲気の白とグリーンの
  植物を合わせ、バラの繊細な色を
  引き立てる。

夏の終わりのデコレーション

Décoration de fin d'été

　カシワの葉に似た形の大きな葉と、円錐形に咲くボリュームのある花が特徴のカシワバアジサイ。グリーンの蕾から白い花が咲き、陽にあたるとピンク色へと変化していく様子も魅力です。夏の終わりに、知人の家のガーデンで大量のカシワバアジサイを摘みました。変色しかかったものや、少ししおれた花弁、虫食いの跡がある葉が混じっているのも、庭の植物ならではの味わいです。

　これらを生ける花器として選んだのは、アトリエにある日本の古い薬棚。空にした棚の中にフローラルフォームをセットし、扉からあふれ出るようにアレンジして、室内にガーデンの雰囲気を取り込みました。

　片側だけに高さを出し、下に向か

ってあふれ出すような流れを作るため、吸水させたフローラルフォームはL字形にセット。これでアレンジメントの形を決め、イタドリを縦にはめ込んで花留めに。イタドリは色や質感、形が美しく雰囲気のある材料なので、見せるための花留めとして利用します。花留めがないとカシワバアジサイの花が固定できずに、だらんと垂れ下がってしまいます。

　カシワバアジサイは花と葉を分け、奥から手前へと、自然に咲いている様子を表現するように挿していきます。その間に、サブ花材のブドウとクレマチスを配置。ブドウは、アジサイと色と形状が似ていることから選択。クレマチスは、みずみずしさと動きを出すアクセントとして

チョイスしました。

　棚の下に置いたバスケットの中にもフローラルフォームをセットし、カシワバアジサイをアレンジ。こうすると棚の脚が目立ちすぎることなく、床や壁との一体感が生まれます。

〈花材〉

カシワバアジサイ／クレマチス／マウンテンミント／イタドリ／リョウブ／ブドウ

〈花合わせのポイント〉

- ガーデンに咲くほんのり赤みがかったカシワバアジサイで、夏の終わりを表現する。
- イタドリを花留めにし、クレマチスでみずみずしさと動きを出す。

小さなリンゴの絵画的額縁アレンジメント

Tableau avec des petites pommes

可愛らしい摘果リンゴをあしらったアレンジメントです。摘果とは、木に実が成りすぎて栄養が行き渡らなくなることを防ぐため、実をつけた果樹の未成熟の実を摘み取る剪定作業のことです。摘果されたリンゴは廃棄される運命にあるのですが、知人の紹介で、花材として使用できることになりました。

小さく、丸く美しいグリーンの実を効果的に見せる方法として思いついたのは、サブ花材として取り入れ、額縁の中にアレンジし、絵画のように見せること。高さのある構成にすると、リンゴにワイヤーなどで脚を取りつけて配置する必要が出てきます。それよりは、樹木から落ちた実が地面に転がったような、自然風景を表現したいと考えました。

メインとなる花材は、アジサイとベゴニアの葉。この2つに存在感があるので、そのほかの材料はアキレアやキョウカノコなど、色みがはっきりとしていながらも細かいものをセレクト。赤く色づき始めたリンゴの色にリンクさせています。

額縁の中に吸水させたフローラルフォームをセットしたら、最初にアジサイとベゴニアの葉を模様を描くように配置し、フォーム上をある程度埋めます。続いて、バランスを見ながら間に小花を挿します。最後にリンゴを1個または数個ずつグルーピングをして、空いているところに置きます。フォームが見えるところには枯れ葉をあしらいましょう。

リンゴは花と葉の間に見え隠れするように置くことで、5cm程度の高さのアレンジメントの中でも立体感と奥行きが出せるようになります。絵の具を塗り重ねた絵画のような雰囲気に仕上がりました。

〈花材〉

アジサイ／アキレア／アストランチア／キョウカノコ／リョウブ／ベゴニア（葉）／ニゲラ（実）／リンゴ／枯れ葉

〈花合わせのポイント〉

・摘果リンゴの色と形を、サブ花材として美しく見せる。
・メインはアジサイとベゴニアの葉。ほかの材料は細かいものにして絵画の雰囲気を表現する。

夏｜Été

バロック絵画のような夏のヒマワリアレンジメント

Tableau baroque de tournesols

「太陽王」と呼ばれるルイ14世も好んだというヒマワリの花を、アンティークの重量感のある鋳物花器にアレンジしました。バロック調の絵画をイメージし、光と影とダイナミックさを表現した作品です。フランスでのヒマワリといって浮かぶのは、夏の田舎の広大なヒマワリ畑。畑のヒマワリは、顔の向きを揃えて咲きますが、ここでは顔をさまざまな方向に向けて動きを出し、想像の中の風景を作り出しました。

ヒマワリは咲き方や色の異なる品種を5種類セレクト。黄色からオレンジ、ブラウンへと色をつなげるイメージで揃えました。サブ花材は、自然の中で育つ夏らしい印象のものを選んでいます。ヒマワリに似た形のヘリニウムやヘリクリサムのほか、宝石ように輝く半透明のスグリ、スカビオサ・ステンクーゲルなど、ヒマワリの存在感に負けない個性のあるものを混ぜています。

花器に吸水させたフローラルフォ

ームをセットしたら、スグリを6〜7本を挿してアウトラインを作り、アレンジメントの大きさを決めます。間にヒマワリを立体感が出るように挿しますが、顔をすべて真正面に向けると揃いすぎて不自然な印象になります。花の大きいもの、小さいものを取り混ぜながら、高低差をつけてランダムに配置しましょう。蕾や咲きかけのものを入れると変化がつきます。小花類は、スグリとヒマワリの間に表情を見て挿します。

乾いたテクスチャーを持つヘリク
リサムのピンクがアクセント。スグ
リを盛ったプレートをサイドに置け
ば目先が変わり、涼を感じさせる空
間演出になります。

〈花材〉

ヒマワリ（サンリッチライチ、サンリッチマロン、ゴッ
ホのヒマワリ、クラレット、プロカットレッド）／スグリ
（赤、黒）／アキレア／ヘレニウム／コレオプレ
シス'サマーナイト'／スカビオサ（実、ステルンクー
ゲル）／ミント／リョウブ／ヘリクリサム

夏 | Été

〈花合わせのポイント〉

- ヒマワリは咲き方や色の異なる品
  種を5種類セレクト。
- サブ花材は、自然の中で育つ夏の
  印象のものを。ヒマワリの存在感に
  負けない個性のあるものも混ぜる。

秋 | Automne

秋の庭の
ローズブーケ

Bouquet d'automne de roses de jardin

　紫のバラをたっぷりと束ねた秋色のブーケです。白が混じった花弁が上品な'モーヴェイン'、ラベンダーピンクで香りがよく華やかな'リパルティール'、モーヴカラーでクラシカルな花形が魅力の'ドルチェット'、それぞれ異なる個性を持ちながらも、どこか似た雰囲気の3種類のバラに、紫からピンク、エンジへと色をつなげたサブ花材を合わせました。紅葉した葉物や、秋を象徴する実もの、グラミネなど、自然の中で集めたような植物を選び、高低差をつけてふんわりと束ねることがポイントです。自然豊かな庭でバラが咲いているような雰囲気を演出し、色のグラデーションでしっとりと落ち着いた季節を表現しました。

〈花材〉

バラ（モーヴェイン、リパルティール、ドルチェット）／クレマチス／ホトトギス／シュウメイギク／シンフォリカルポス／アストランチア／アフリカンブルーバジル／紅葉ヒペリカム／キイチゴ'ベビーハンズ'／ユキヤナギ／グラミネ／エノコログサ

〈花合わせのポイント〉

- 紫をテーマに似た雰囲気でありつつ個性の違うバラ3種類を選択。
- サブ花材は紫からピンク、エンジへと色をつなげて選ぶ。
- 秋の風情を感じる草花系の材料をたっぷり合わせ、バラと融合させる。

> 作り方

すべての花材の、ブーケを握る手の下にくる葉を取り除く。バラはナイフでトゲを取り除く。茎が長いものは30cm程度の使いやすい長さに切り、種類ごとに分けて並べる。写真は、このブーケに使用するだいたいの花材の量。

束ねるテクニックはスパイラル。茎がまっすぐで花が美しいバラ'リパルティール'と'ドルチェット'を選び、紅葉ヒペリカムとアフリカンブルーバジルを間に入れて持ち、ブーケの中心にする。

ブーケを回し、クッションとなるグリーンを間に挟みながらバラ'モーヴェイン'を入れ、さらにクレマチスやアストランチアなどの小花、シンフォリカルポスを入れる。バラは1本ずつ加えるが、小花やエノコログサ、グラミネは数本まとめて入れる。クレマチスの蕾は目立つように高い位置に入れる。

ホトトギスは秋らしい風情を持つため選んだ花材。全体で7〜8本使用し、ブーケの中心に近い位置にも入れる。この段階で、ほぼすべての種類の花材が入っている。

さらに花材を足す。バラは凹凸をつけて束ね、同じ種類が隣同士に並ばないように注意。グラミネなど長さのある材料は、ブーケの中心に近い位置にも飛び出すように入れる。

さらに花材を足していく。紅葉ヒペリカムやキイチゴ'ベビーハンズ'はクッショングリーンとして手元に入れるが、それ以外のグリーンはバラより高い場所に。アストランチアはクッションにもなるが、高さを出すと動きと表情が出せる。シンフォリカルポスは全体のアクセントとなる位置に入っているかを確認する。

全体にふんわりと、ナチュラルな印象に仕上がっているかを確認しながらさらに花材を足す。グラミネなど長さのある材料は、茎の美しさを見せることも意識する。

秋らしさの演出に一役買うシュウメイギクもアクセント。目立つようにバラよりやや高い位置に入れる。横や上から常にブーケの形を確認し、花の配置や色がきれいに分散されているかを見る。

⑨

ほぼすべての花材が入った状態。

⑩

仕上げには紅葉ヒペリカムなどのグリーンを周囲に入れて、横から見たときにブーケが180度以上展開するように構成する。

⑪

すべての花材が入った状態。ブーケを握っている手のすぐ上にキイチゴ'ベビーハンズ'を入れ、柔らかい茎や花を保護する。バラが全体にまんべんなく散らばり、グリーンの中で自然に咲いているような雰囲気になっていることが重要。

⑫

茎が重なりもっとも細くなったブーケの支点を麻紐で縛る（詳細はP.11参照）。余分な茎をハサミでカットする。結束した部分を基点として、ブーケ全体の高さの1／2より少し短く切る。

⑬

完成。色づいた葉物やグラミネなど、秋らしいグリーンの種類を多くすることでブーケの表情に季節感が出て、春や夏とは違ったバラの見せ方ができる。

Pick up!

紫からピンク、エンジへとつながる色みは、大人っぽく落ち着いた雰囲気だが、ややくすんだ印象になりがち。ここにシンフォリカルポスの光沢のある白色が加わると、明るさが出る。

秋 | Automne

秋バラとバラの実の
投げ入れアレンジメント

Auto blocage de roses et baie d'automne

　投げ入れはアレンジメントの1種で、フローラルフォームなどを使わず花器に直接花を入れていく方法です。庭の花を摘んで無造作に生けるなどするのに向いています。花が固定されないので持ち運びには不向きですが、フォームを使った場合とは違う自然な雰囲気が楽しめます。ここではベージュからピンクへと色をつないだ3種類のバラに秋色の花材を合わせて、豊かな実りの季節を表現しました。バラに実ものをたっぷり合わせることでメリハリが出て、春や夏とは違った表情が出せます。ブラウンベージュのキク'ミルクココア'を潜ませて遊び心をプラス。花器は、お気に入りの鉄とガラス製のアンティーク調です。

〈花材〉

バラ（グランヴァーズ、ウエストミンスターアビー、パリス、センセーショナルファンタジーの実）／キク'ミルクココア'／ジニア／ノイバラ（実）／ビバーナム・コンパクタ（実）／リシマキア／紅葉ヒペリカム／リョウブ／キイチゴ'ベビーハンズ'

〈花合わせのポイント〉

- 3種類のバラに赤い実ものを合わせ、秋ならではの美しさを表現する。
- サブ花材にはバラの色と同調し、秋らしい風情を持つものを選択。
- シックな色みの大輪のキクを潜ませて、遊び心をプラス。

> 作り方

花器は口径20×高さ20cmのガラス製を使用。長さ30～40cmに切り分けたリョウブで花留めを作る。器の中で枝同士を交差させ、放射状に広がるように入れる。

リョウブがすべて入った状態。交差の数が多いと、このあとに入れるグリーンも花も留めやすくなる。紅葉しているものとそうでないものをうまく組み合わせ、雰囲気を出す。

切り分けたキイチゴ'ベビーハンズ'を組んだ枝の間に入れる。リョウブを安定させる役割。

切り分けた紅葉ヒペリカムを入れて高さを出す。花器を回しながら全体をよく見て、1カ所にかたまらないようにバランスよく配置する。実がしっかり見える向きを意識。間にリシマキアを入れる。ベースの完成。

キク'ミルクココア'を入れる。1本目は中心から少しずらし、ベースの間にしっかり留まる位置に。色や形で面白さをプラスする役割なので、バラと喧嘩しないようにやや低く入れる。

グリーンをかき分けるようにしながら続けてキクを入れる。1本目のキクの周囲に三角形を描く位置に3本、同じ高さにならないように凹凸をつけて配置する。

'パリス'以外のバラを入れる。バラ'グランヴァーズ'をキクよりやや高い位置に入れる。'グランヴァーズ'はベースのグリーンとキクの色をつなぐ役割を持つ。

バラ'ウエストミンスターアビー'を配置する。花器を回しながら全体をよく見て、同じ種類のバラが隣り合わないようにしながら、凹凸をつけて全体にバランスよく入れる。白っぽい色のバラが入ると明るい雰囲気に。

2種類のバラが入ったらジニアを入れる。くすんだピンクからオレンジのニュアンスカラーが魅力だが、バラと合わせると沈んで見えるので、高めの目につきやすい位置に入れる。

実ものを入れる。最初にビバーナム・コンパクタを、花と花との間にうまく場所を探し、奥行きを出すことを意識して入れる。

同様にバラ'センセーショナルファンタジー'の実を入れる。

ノイバラの実を、先に入れた2種類の実ものの間に入れる。高い位置と低い位置に入れて変化をつける。

最後にバラ'パリス'を入れる。華やかなバラなので、フォーカルポイントを中心に、やや高く目につきやすい位置に入れる。生き生きとした表情を見せることを意識する。

花器に水を注いで完成。中央部が膨らみ、口がすぼんだフォルムのこの花器は、全体にふんわりと広がる形が作りやすく、投げ入れに向く。

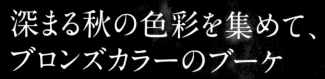

深まる秋の色彩を集めて、
ブロンズカラーのブーケ

Bouquet d'automne comme un vitrail couleur bronze

　多種多色の秋の花材を組み合わせ、こっくりとした深みのあるブロンズカラーのブーケを制作しました。ブロンズカラーは、多彩な色や質感のミックスで表現します。

　花材は遠くから見てブロンズカラーになるようにセレクト。主役の花は決めずに、キクや染めのケイトウ、枝物、光に透けると金色に見えるエノコログサ、ニュアンスカラーのバラなどを集めています。赤、黄色、オレンジ、茶色、ピンク、グリーン、ベージュと複雑な色合わせのなかで、微妙な配色や配置、花材のボリュームを調整させることでどれか一つが強調されることなく、カラーバランスを保てるように考えました。

　丸い花が多いため、花同士がぶつかって潰れることがないよう、作業中には気を配る必要があります。クッションのグリーンは手元にたっぷりと入れ、花の姿を美しく見せることを意識し、適度な空間をとりながら高低差をつけて束ねましょう。

　色も質感も"濃い"花が多いので、それに合わせて染めのユキヤナギやアメリカテマリシモツケ'ディアボロ'、紅葉ヒペリカムなど、葉物や枝物も少し主張のあるものを使用しています。キクは目立ちすぎないように奥に沈めて入れ、その周辺にジニアやアストランチアなどの小花を数本、少し高さを出して入れると奥行きが生まれ、動きが出ます。

　シックな色の染めのケイトウは一見、地味に見えますが、そのビロードのような独特の質感で、ブーケ全体に落ち着きをもたらしてくれます。色ガラスの小片を組み合わせて絵や模様を作り出すステンドグラスのような、デコラティブで雰囲気のある秋のブーケです。

〈花材〉

キク（カラフリア、ヘッジホッグイエロー）／バラ'ジュリア'／ジニア／ヒマワリ／エキナセア／ベルベロン／アストランチア／ケイトウ（染め）／クレマチスシード／シンフォリカルポス／ユキヤナギ（染め）／紅葉ヒペリカム／アメリカテマリシモツケ'ディアボロ'／エノコログサ

〈花合わせのポイント〉

- 多彩な色や質感の花材の組み合わせで、ブロンズカラーを表現。
- 配色や配置、ボリュームを調整し、どれか一つの花が強調されることなく、バランスを保てるように考慮。

秋のはじまりの
ブーケ・シャンペートル

Bouquet champêtre du début de d'automne

　ブーケ・シャンペートルはフランス語で「田園風のブーケ」という意味です。花と緑あふれる田園の風景を表現するブーケで、野原を散歩しながら集めたような花やグリーン、枝物、実ものをたっぷりと使用し、ある程度の大きさを出して束ねることが特徴です。

　シャンペートルは私の大好きなスタイルで、秋のブーケの定番です。ここでは、グリーンに色づき始めた自然を思わせる色みの材料を合わせ、夏から秋へと移り変わる季節を表現しました。

　ブーケ・シャンペートルの花材選びで大切なのは、花なら小さめで、野に咲いているイメージのものを選ぶこと。通常、ブーケやアレンジメントにはサブの材料として使うような花が、このブーケではメインになります。多少傷んだものが混じっていても構いません。それが自然から摘んできた雰囲気を作り出すからです。グリーンも、草花のような雰囲気のものを、できるだけたくさん集めましょう。

　どれか1種類の花やグリーンを主役として立たせるのではなく、一見、控えめに見える材料が集まることで表現される華やかさが、このブーケの魅力です。小花ならではの色のニュアンスや動きが、形や質感の異なるグリーンに彩られることで、一層際立ってきます。

　ここではグリーンに赤や黄色を加え、さらにベニバスモモやフジバカマのニュアンスのある紫色を混ぜることで、色のトーンに奥行きを出しました。束ねる際には、隣同士に同じ花材が並ばないように注意し、すべての植物の顔を見せることを意識しましょう。

〈花材〉

アストランチア／フジバカマ／モントブレチア／
マウンテンミント／パニカム／紅葉ヒペリカム／オ
レガノ／ワレモコウ／ナズナ／ヘレニウム／スモ
ークグラス／グリーンスケール／エノコログサ／
カルカヤ／ベニバスモモ／ヒメミズキ／ユキヤナ
ギ／アフリカンブルーバジル／ナナカマド

〈花合わせのポイント〉

- 小花とグリーンに色づきはじめた自
  然を思わせる材料を合わせ、夏か
  ら秋へと移り変わる季節を表現。
- ニュアンスのある紫色の花材を混
  ぜ、色のトーンに奥行きを出す。

色で遊ぶヒマワリのアレンジメント

Camaïeux de tournesols et fleurs séchées

　ヒマワリといえば、鮮やかな黄色やオレンジが定番カラーですが、最近は品種改良が進み、さまざまな色みが出回るようになりました。ここで紹介するのは、夏の終わりに見つけた個性的な花色のヒマワリ。これらを使用して、夏の終わりと秋のはじまりを融合させたアレンジメントを制作しました。

　選んだ2種類のヒマワリは、'プロカットプラム'と'クラレット'。プロカットプラムは、その名の通りプラムとクリーム色の2色の花弁が美しく、クラレットは、茶色がかっ

た深いオレンジ色がシックな品種です。完全に開花したものだけでなく、蕾や咲きかけのものも用意して変化をつけます。合わせるサブ花材の種類は最小限にとどめ、ベゴニアの葉や、フローラルフォームを隠すためのグリーンも枯れ葉にするなど、ヒマワリの色に合わせた秋らしいニュアンスのものを選びました。ドライになったカシワバアジサイは、P.68のデコレーションで使用したものです。

　ヒマワリは茎の長さを生かしてデザインする場合もありますが、ここ

では花の色と形を強調するために短くカット。花器は底が浅く面積の広いバスケットをセレクトしました。

　吸水させたフローラルフォームをセットしたら上に枯れ葉を散らし、高さを抑えて花材を挿していきます。ヒマワリはプロカットプラムがメインで、クラレットはアクセントの役割。色のグラデーションを意識しながら配置し、花の顔をあちらこちらに向かせるようにすることでリズムが生まれ、見る人の興味をくすぐります。蕾を少し高いところに入れて、表情を出しました。

〈花材〉

ヒマワリ（プロカットプラム、クラレット）／アストランチア／カシワバアジサイ（ドライ）／ベゴニア（葉）／枯れ葉

〈花合わせのポイント〉

- シックで個性的な色みのヒマワリを主役に。
- サブ花材の種類は最小限に。ヒマワリの色に合わせた秋らしいニュアンスのものを合わせる。

可憐な小花で見せる
ブーケ・シャンペートル

Bouquet champêtre de fleurettes

　野原を散歩しながら集めたような花とグリーンをたっぷり束ねるブーケ・シャンペートル。ここで紹介するのは、木々の紅葉が始まり、少しずつ変わりつつある自然風景の中で、可憐なピンクの小花がポイントとなるようなシャンペートルです。深まる秋を表現しました。

　色のポイントとして選んだ花は、シュウメイギクとベッセラ・エレガンス。キクに似た花を咲かせるシュウメイギクは「秋明菊」とも書き、日本の野山に自生します。華道の花材や秋の茶花としても使われ、秋ら

しい風情があります。ベッセラ・エレガンスはメキシコ原産で、細い茎の先端に線香花火のように咲く姿が魅力的。ともに淡いピンクを選びました。どちらも繊細な花なので、ほかの花材の中に溶け込んでしまわないよう、美しく見せる位置を常に確認し、意識しながら組んでいきます。

花材は高低差をつけながらミックスで、ふんわりと風が通るような雰囲気に束ねます。形の面白さから選んだグリーンのエキナセアは、奥の低い位置に入れ、周囲に背の高い花を配置して見え隠れするようにする

と、ブーケに立体感と奥行きを出すことができます。

シャンペートル（田園風）の捉え方は人それぞれで、さまざまな解釈があると思います。あまり色を入れず、たっぷりのグリーンをメインに、季節やそのときの気分で選んだ花材を合わせ、自然を感じるスタイルに仕上げるのが私流。市場で偶然見つけた、赤い実が可愛らしいハゼランや、筒状の花弁が特徴的なルドベキア'ヘンリーアイラーズ'など個性的な花材も混ぜながら、紅葉したリョウブで秋を印象づけました。

〈花材〉

シュウメイギク／ベッセラ・エレガンス／ミシマサイコ／エキナセア／アスチルベ／ルドベキア'ヘンリーアイラーズ'／セダム／ウイキョウ／ハゼラン／エラグロティス・フェルギア／ユキヤナギ／リョウブ／グリーンスケール／エノコログサ／ノイバラ（実）

〈花合わせのポイント〉

・野原を歩いて摘んだような植物を合わせる。
・秋の風情を持つシュウメイギクと、ベッセラ・エレガンスのピンクを色のポイントに。

ダリアを使ったボルドーカラーのアレンジメント

Arrangement de morceaux de lianes et dahlias bordeaux

　花色のバリエーションが豊富なダリアの中から、シックな色みの品種を使ったアレンジメントを紹介します。黒に近い赤色のボルドーカラーのダリアは、艶やかで高貴なイメージから人気があり、男性にも好まれる花です。ここでは、動きのある花弁が華やかで、ブラックダリアとも呼ばれる大輪の'黒蝶'と、ボールのような形に愛らしさもただよう、中輪の'なまはげノワール'を主役として選びました。

　ダリアに合わせたのは、木の幹のように太いフジの蔓。知り合いが所有する栃木県那須の山の中で採取したもので、その自然な姿と樹皮の美しさに惹かれ、インスピレーションが湧きました。どこか凛とした力強

さのあるボルドーカラーのダリアの個性を引き立てると考え、サブ花材に使用しています。

　花器は市販品にペンキを塗り重ねてリメイクしたものを使用。フジの蔓の色にリンクさせました。自然テイストの花器ではなく、あえてデコラティブなデザインを選ぶことで、アレンジメントに都会的なニュアンスが加わり、室内装飾としてフィットしやすくなります。

　花器に吸水させたフローラルフォームをセットしたら、その上にフジの蔓を木ネジでしっかりと固定します。ダリアは、蔓の高さに合わせて高低差をつけて配置。茎も含めた植物としての美しさを見せるようにします。色のハーモニーを考慮して選

んだベニバスモモは葉を間引いて挿し、枯れた雰囲気を演出。ワレモコウや穂先が紅色になったパニカムなど、深まる秋を印象づける花材のほかに、グリーンも少量入れることで、みずみずしさをプラスしています。

〈花材〉

ダリア（黒蝶、なまはげノワール）／フジ（蔓）／ベニバスモモ／チョウジソウ／ユーフォルビア／リシマキア／ハゼラン／パニカム／アストランチア／ワレモコウ

〈花合わせのポイント〉

- 大きさと咲き方の異なる2種類のボルドーカラーのダリアが主役。
- 太いフジの蔓を合わせ、力強いダリアの個性を引き立てる。

秋｜Automne

秋の深まりを感じるダリアのブーケ

Bouquet d'automne de dahlias du potager

重なり合う花びらと鮮やかな花色が印象的なダリアは、夏から秋にかけて見頃を迎えます。球根花のダリアは、フランスの田舎ではポタジェ（家庭菜園）の定番花です。ポタジェは、野菜のほか果樹やハーブ、花も栽培される実用と観賞を兼ねた庭のこと。ダリアは、その庭の隅にパーテーションとして使われる実用目的の花で、地味で脇役的な存在、というイメージを、かつて私は持っていました。

今、日本で出合うダリアは、品種改良が進み、色も形も実に豊富。フランスで見ていたときと印象がまったく異なります。バラの代わりとしても楽しめる華やかさがあり、そんなダリアをたっぷりと使い、ブーケを制作しました。

色はオレンジからピンクの秋らしいニュアンスカラーのグラデーションでまとめ、花の大きさや咲き方の異なるダリアを集めて変化をつけています。濃いサーモンピンクの'ナマハゲエポック'は、特に気に入っている品種。アンティークカラーと、花弁に動きのある丸いフォルムがおしゃれです。ダリアを同色系のニュ

アンスカラーでまとめる場合は、ごちゃごちゃとした印象になりやすいのですが、濃い紫の品種を加えるとブーケ全体が締まり、立体感が出せます。ケイトウや紅葉ヒペリカム、こっくりとした色みのベニバスモモへと色をつなげ、表情豊かに仕上げました。

ダリアは茎が柔らかく、潰れやすいので扱いには注意が必要です。クッションのグリーンで顔を持ち上げるようにしながら、優しく束ねていくとよいでしょう。

〈花材〉

ダリア（ナマハゲエポック、ハマリローズ、ナマハ
ゲミヤビ、アンティークハミルトン、ラララ）、ケイトウ
'プリティマーメイド'／ゼラニウム／ベニバスモ
モ／ヒメミズキ／アストランチア／紅葉ヒペリカム

〈花合わせのポイント〉

・5種類のダリアを集め、オレンジか
らピンクの秋らしいニュアンスカラ
ーのグラデーションでまとめる。
・ケイトウや紅葉ヒペリカム、ベニバ
スモモへ色をつなげて表情豊かに。

クリの実と落ち葉のアレンジメント

Châtaignes dans la forêt

秋が終わり、冬が近づく森の中を歩くと、足元でガサカサと枯れ葉が音を立て、あちこちからクリの実が顔を出します。そんな自然の風景をイメージしたアレンジメントです。日本で落ち葉を拾いに行った山の上で、落ち葉の中にクリの実がたくさん落ちていた風景を目にした際に、インスピレーションが湧きました。

主役はクリとその枯れた落ち葉です。自然の中で実際に拾い集めたものを使用しています。サブ花材は、木の葉や草、落ちた実ものが重なる森の下草をイメージして選びました。

た。クリと枯れ葉の茶色の世界にコントラストをつけ、冬に移行する前の秋の名残りを表現するため、赤い実ものと紅葉がかった枝物も合わせています。冬に向かう色のない山や森の雰囲気を壊さないよう、花の要素を入れないようにしているのも、このアレンジメントの特徴です。

水盤に吸水させたフローラルフォームをセットしたら、木の板の上に置きます。最初にアジサイを配置し、森の中の小径に見えるようなデザインを作ります。クリを置く場所を空けてほかの花材を挿し、仕上げにイ

ガづきのクリをアトランダムにのせ、周囲にもクリと枯れ葉を散らしました。下に敷いた木の板の風合いも、作品の一部です。

高さは出さずに構成しますが、各材料がレイヤーのように重なり合っているため、それが高低差を作り出します。全体が沈んだ印象にならないよう、ビバーナム・コンパクタとノイバラの赤い色をアクセントに入れ、葉物の配置で動きが出るように工夫をし、パッと目を引くデザインに仕上げました。

〈花材〉

クリ（実と枯れ葉）／アジサイ／ビバーナム・コンパクタ／ノイバラ（実）／チョウジソウ／カルカヤ／ヒメリョウブ／ジュズサンゴ／ハゼラン／マリーサイモン／リシマキア

〈花合わせのポイント〉

- クリと枯れ葉は自然の中で拾い集めたものを使用。
- 茶色い山の印象を強めるため、花の要素は控える。
- ビバーナム・コンパクタとノイバラの赤い色をアクセントに。

晩秋のバルビゾン村

Village de Barbizon à la fin de l'automne

　パリ郊外にあるバルビゾンは、フォンテーヌブローの森に隣接する、小さくてのどかな村です。かつて、ミレーをはじめとした風景画家たちが暮らし、創作活動をした場所。芸術保護区に指定され、昔ながらの街並みや画家たちのアトリエが残ります。ミレーの代表的な作品「落穂拾い」や「晩鐘」の舞台となった郷愁を誘う田園風景が広がり、幼い頃に父に連れられ、何度か訪れた風光明媚な村の記憶は、今も鮮明です。

　このブーケは、そんなバルビゾン村の石造りの街並みや、自然の秋の色合いをイメージして束ねました。主役の花は、深まる秋をイメージした、ピンクがかったオレンジのバラ'カハラ'と、くすんだ色みとベルベットのような質感が温かみを感じさせるベージュのケイトウ。この2つの花の色を塊で見せるために中央にまとめ、周囲にナチュラルな雰囲気のグリーンを入れ、それぞれの魅力を楽しめるようにしています。

　バラの間にグルーピングでケイトウを入れ、高さを揃えてモザイク模様を作るようにきれいなラウンド形に束ねます。こうすることで、色と質感を強調することができます。グリーンはラウンド部分よりも少し高い位置に全体にまんべんなく入れましょう。バラから色をつなげたエキナセアや、シンフォリカルポスやビバーナム・コンパクタなど秋らしさの演出に欠かせない実ものも混ぜました。風が通り抜けるような空間を意識し、ふんわりと、自然な表情を生かして束ねることがコツ。花の色の遊びと、グリーンとの対比が魅力的なブーケです。

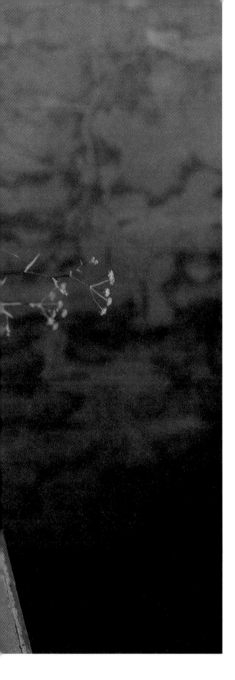

〈花材〉

バラ'カハラ'／ケイトウ／レイセステリア／エキナ
セア／ミシマサイコ／シンフォリカルポス／アストラ
ンチア／ビバーナム・コンパクタ／アメリカテマリ
シモツケ'ディアボロ'／ヒメリョウブ／グリーンス
ケール

〈花合わせのポイント〉

- くすんだオレンジのバラとベージュ
  のケイトウをメイン花材に。
- ナチュラルな雰囲気のグリーンや
  実ものを合わせ、田園風景を思わ
  せるブーケに仕上げる。

ラズベリー色の秋のモザイクブーケ

Bouquet d'automne couleur framboise

　艶やかなダリアを主役に、深まる秋をイメージして制作したブーケです。市場で見つけた'ソンブレロ'という品種の色と形から発想を広げ、モザイク模様のブーケを作りました。ソンブレロは、メキシコやペルーなどでかぶられるつばの広い帽子のこと。そのカラフルなデザインからもヒントを得ました。

　ダリア'ソンブレロ'は、ボルドーカラーの花弁に白い縁取りの入った、中輪の華やかな品種です。この色と形につなげて、花の大きさや咲き方の異なる'越後小町'と'ラズベリー'、2種類のダリアをセレクトしました。越後小町は、赤紫にピンクの斑入りの花弁が美しく、ラズベリーはその名の通り、フルーツの

ような色と丸く可愛らしい形が魅力。ここに、ニュアンスカラーのジニアやセダムなど、丸く秋らしい雰囲気の花材を合わせました。ダリアの個性が強いので、赤ピンク系で統一すると全体の印象が重くなってしまいます。抜けを作るために、青紫のアジサイを加えています。

　ブーケは、ダリアの色と形を見せるため、凹凸のないラウンド形に束ねています。ゼラニウムやアストランチをクッションにし、色合わせを楽しみながら花を加えていきましょう。モザイク模様にすることを意識して、同じ花を隣同士に並べないことがコツです。

　青紫のアジサイを数カ所にポイントとして配置すると、流れが出てす

っきりとした印象に。紅葉ヒペリカムはブーケの輪郭から飛び出すように入れて黄色い花を見せ、奥行きを出しました。眺めているだけで体も心も温かくなるようなブーケです。

〈花材〉

ダリア（ソンブレロ、越後小町、ラズベリー）／アジサイ／ジニア／アストランチア／セダム／紅葉ヒペリカム／ゼラニウム／キイチゴ'ベビーハンズ'

〈花合わせのポイント〉

- ダリア'ソンブレロ'をメインに、花の大きさと咲き方の異なる3種類のダリアをセレクト。
- 丸く秋らしい雰囲気のジニアやセダムなどをサブ花材に。

晩秋のブーケ・シャンペートル

Bouquet champêtre de fin d'automne

　野原を散歩しながら集めたような植物をたっぷり合わせ、ふんわりと大きく束ねるブーケ・シャンペートルは、選ぶ花材の種類や色によって、さまざまな季節の様子を表現することができます。このブーケは、秋の野山に咲くようなアザミやオヤマボクチや、多肉植物のようなニュアンスを持つネイティブフラワーのパラノムスなど、ちょっと変わった材料を選び、シャンペートルに欠かせない穂ものと組み合わせました。

　パッと目立つ花は入れず、アザミやアストランチアなど野趣に富むふんわりと優しい雰囲気の小花を全体に散らして、楚々とした美しさを演出しています。

　シャンペートルは自然の印象を表現するため、花材をたっぷりと使い、ある程度の大きさを出して束ねることが重要です。茎はスパイラルに組み、花材はグルーピングはせずにミックスで配置。高低差を出しながら、1輪1輪がきれいに見える空間を作ることを意識しながら組んでいきます。隣同士に同じ花材や色が並ばないようにすることも大切です。

　花やグリーン1本1本と対話をし、野山の風景を想像しながら束ねていく作業は楽しい時間です。少しくすんだトーンの中に、淡い紫からピンクの花の色がアクセント。丸く可愛らしいシンフォリカリポスが、

形とテクスチャーに変化を与えます。さまざまな角度から眺めて楽しめるブーケです。

〈花材〉

アストランチア／シュウメイギク／オヤマボクチ／アキアザミ／タケニグサ／ノアザミ／カクトラ／シンフォリカリポス／エノコログサ／ユキヤナギ／ルドベキア／パラノムス／カルカヤ／ユーパトリウム／スモークグラス／アフリカンブルーバジル／パニカム

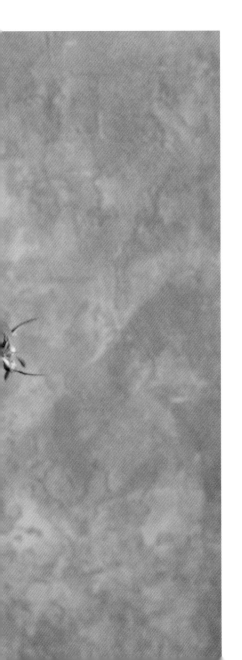

〈花合わせのポイント〉

・アザミやオヤマボクチ、パラノムスなど少し変わった材料を選択。穂ものと合わせてシャンペートルに。
・野趣に富む優しい雰囲気の小花を散らし、楚々とした美しさを演出。

プルーンとモーヴ色の秋リース

Couronne fleurie mauve avec des prunes

秋といえば赤やオレンジなど紅葉をイメージした色が浮かびますが、秋から冬へと移り変わる季節を、モーヴカラーで表現したいと思い制作したアレンジメントです。モーヴとは、薄く灰色がかった紫色のこと。果物のプルーンの色から発想を広げ、濃い紫から薄い紫へと花材で色をつなぎ、全体のグラデーションでモーヴカラーを表現しています。

花材はプルーンの色と形に合わせて小ぶりのものをセレクト。巻きのきれいなバラやシュウメイギクのほか、色のつなぎとしてアジサイを入

れました。ブラックベリーや紅葉ヒペリカムなど秋を感じさせる実ものとともにリースに仕立て、可愛らしい雰囲気にまとめています。

土台はリース型フローラルフォームを使用。しっかり吸水させたら、最初に紅葉ヒペリカムを使いやすい長さにカットして、フォームの外輪と内輪に挿してアウトラインを作ります。このとき、葉先が一定方向に向くように配置して流れを作りましょう。クリスマスリースを作る際の、モミの挿し方と同様です。小分けにしたアジサイとゼラニウムを間に挿

したらベースの完成。ここからバラを、1輪1輪の表情を見ながら配置していきます。そのほかの小花をバランスを見ながら全体に入れ、最後に、ワイヤリングをしたプルーンをアクセントとなる場所に挿します。

各材料のボリューム、全体の色みの配分を見て、同じ材料が隣同士に並んで色が塊になることのないようにします。リースは、始まりも終わりもない永遠の象徴。とぎれることのない流れを作ることを意識し、花の向きに注意しながら作業します。

秋 | Automne

〈花材〉

バラ／アジサイ／シュウメイギク／アストランチア／セダム／ブラックベリー／プルーン／紅葉ヒペリカム／ゼラニウム／枯れ葉

〈花合わせのポイント〉

・プルーンの濃い紫からアジサイ、バラなど薄い紫へと色をつなげ、グラデーションで移りゆく秋を表現。
・プルーンのサイズに合う小ぶりの材料を集め、可愛らしい雰囲気に。

冬 | Hiver

冬麗、
アネモネの
アレンジメント

Composition de branches mortes et anemones

　「冬麗」とは、冬のよく晴れた穏やかな日のことをさします。このアレンジメントは、アネモネを主役にクリスマスローズなど寒い時期に咲き出す花を合わせ、凛とした空気が漂う冬のガーデンをイメージして制作しました。

　アネモネとクリスマスローズは、白とほんのりピンクがかったものの2種類を選択。そのほかの花は白グリーンを基調に、スッと伸びた姿が美しいラケナリア、ベル状の可憐な花をつけるスノードロップなどを合わせました。白で冬の寒さを、挿し色となるアネモネとクリスマスローズのピンクで日差しの温かさを表現しています。野生味のあるコケボクのベースが花の色や質感と対比し、植物をより美しく見せてくれます。

〈花材〉

アネモネ'モナリザ'／クリスマスローズ／スノードロップ／ツルバキア／ラケナリア／ワスレナグサ／コケボク／ヤマゴケ

〈花合わせのポイント〉

- アネモネは白とピンクがかった色みの2種類を用意。
- サブ花材は白グリーンをメインに冬に咲く花をセレクト。コケボクで花の色と質感を引き立てる。

冬 | Hiver

> 作り方

直径45×深さ5cmの鉄製の水盤に吸水させたフローラルフォームをセットし、表面にヤマゴケを敷く。コケボクをナイフで長さ40cm程度に切り、結束バンドで固定しながら縦横斜めに交差させてベースを作る。コケボクは、コケがついている面が上を向くように配置する。

縦と斜めに配置するコケボクは太くて頑丈なものを使用。だいたいの形を作ったら、コケのつき方が面白い枝を選び、コケの向きに注意しながら結束バンドで固定しながら足していく。余分なバンドはヘッド(留め具)ギリギリの位置でニッパーでカットする。

枝を足すのは、装飾と補強のため。1本の枝が2〜3カ所交差するように配置し、固定をすると強度が出る。細い枝もコケの向きに注意しながら配置する。

ベースの完成。花を挿すスペースを考えて中央は空けている。強度と花留めとしての役割を持たせるためにはある程度密に組むことが大切。樹海や森のような雰囲気になっていればよい。

ピンクがかったクリスマスローズをコケボクの間に挿す。枝で花を支えているような向きに入れる。中央ははずし、上から見て三角を形成する位置に入れる。

同様に白グリーンのクリスマスローズも入れる。水盤を回しながら行う。フォームに挿すときは、花の茎でコケを中に押し込んでしまうと、中でコケが腐敗するため、ヤマゴケを広げてしっかり中まで挿入すること。

花の向きはランダムに、コケボクの間から花が咲き出している雰囲気になるよう配置する。

クリスマスローズがすべて入った状態。コケボクと花が絡み合うように、高低差をつけて奥行きを出すことが大切。真横から見て、茎のラインがきれいに出ているかも確認する。

アネモネを、コケボクとクリスマスローズの間の目立つ位置に挿す。メインの花なので中央にも入れる。スペースが必要な開花したものから挿す。結束バンドが隠れる位置も考えながら行う。

アネモネがすべて入った状態。ベースもデザインの一部なので隠しすぎないようにすることが重要。蕾のものは、開花するスペースをあらかじめ考慮して配置する。

スノードロップを挿す。アクセントになるように全体に入れる。茎が柔らかく折れやすいので、茎の太さに合った枝などを使って穴を空けてから入れる。角度は斜めにするなど変化をつける。

ツルバキアとラケナリアを順番に挿す。茎が折れやすいので、根元を持って優しく扱う。縦に連なって並ぶ小花が、上から下へと色をつなげる役目をする。

ワスレナグサを周囲に挿す。雰囲気を出すために葉はつけたまま、斜めに挿して自然な様子を見せる。

細く枝のきれいなコケボクを短くカットし、花にかかる位置に数カ所のせる。こうすることで奥行きが生まれる。完成。

マリー・ローランサンの絵画のように

Arrangements gris beige hivernal de pois de senteur

　グレーに紫とピンクのパステルカラーを合わせた、優しさの中に影と華やかさが共存するような色彩が魅力のマリー・ローランサンの絵画。この色彩を、スイートピーを使って表現したアレンジメントです。

　ブルーグレーやアンティークピンク、モーヴなど、グレーを混ぜたようなくすんだパステルカラーの染めのスイートピーを数種類セレクト。ヌードベージュやグレーなども加え、絵画の色に近づけました。合わせるグリーンも、コニファー'ブルーアイス'やダスティーミラーなど

シルバーがかった冬の材料を選び、季節感を強めています。花の高さを揃えて配置することで、色のグラデーションを効果的見せることが可能に。ヘデラベリーの黒い実とマツカサが全体を引き締めます。

〈花材〉

スイートピー（染め）／クリスマスローズ／コニファー'ブルーアイス'／ヘデラベリー／ニゲラ／ダスティーミラー'シラス'／マツカサ

〈花合わせのポイント〉

• 絵画の色彩を染めのスイートピーで表現。グレーが混じったくすみのあるパステルカラーを数種類選択。
• コニファーやヘデラベリーなど冬の材料を合わせて季節感を出す。

> 作り方

花器は40×30×高さ10cmの木製のボックスを使用。サイズに合わせてフィルムを敷き、吸水させたフローラルフォームをセットする。

長さ約30cmに切り分けたコニファー'ブルーアイス'を配置する。中心から少しずらしたところに1カ所、器の角に3カ所、側面に3カ所挿す。

これでアレンジメントの高さとおおまかなアウトラインが決まる。ボックスの縁から約20cm程度の高さが目安。葉先は揃えず、ナチュラルな印象を作る。

ヘデラベリーを足元に挿す。深い緑の葉と黒い実が冬を感じさせる材料。ボックスの角や側面に5カ所、実が外側にあふれるような位置に挿す。

ダスティーミラー'シラス'を挿す。美しい色と質感を生かすため、茎を挿しやすい長さにカットしたら、ばらさず株ごと入れる。中央から少しずらした位置と、周辺に3カ所入れる。

異なる色と形、質感のグリーンを組み合わせたベースが完成。

クリスマスローズを挿す。ピンクにグレーの絞りが入ったような色みが、葉物となじむ。グリーンの間に全体にバランスよく入れる。

クリスマスローズは花が上を向くように、入れるときにベースの葉をうまく利用して固定するとよい。

クリスマスローズがすべて入った状態。コニファーの輪郭内におさまりながらも、高低差はついている状態。

スイートピーを、ピンクやオレンジの暖色系から挿す。茎が柔らかいので折らないように、右手で根元を持ち、左手で花を支えるようにして両手で入れる。全体にランダムに配置する。

暖色系のスイートピーがすべて入ったところ。茎についている花が全部見えるように斜めに寝かせるように入れているのがポイント。コニファーの輪郭からは出ないようし、顔はあちこちを向くようにしている。

ブルーや紫、ベージュとグレーのスイートピーを同様に挿す。色のバランスを見ながら、同じ色が塊にならないようにする。色のグラデーションを意識しながら行い、全体にふんわりとした雰囲気を作る。

スイートピーがすべて入ったらニゲラを挿す。細い糸状の葉や花の形がスイートピーとは異なるため、目先が変わりアクセントとなる。

マツカサを入れる。色みがパステルカラーの花と相性がよく、冬の印象を強めてくれる材料。白いヤニが見える向きで、花と花の間に数個のせる。

足元にもマツカサを入れる。フローラルフォームを隠す役目もあるので、目立ちすぎないように、量のバランスを考えて配置する。

完成。コニファーの輪郭から出ないように花の高さを揃えて配置することで、色のグラデーションを効果的に見せることができる。

アンティーク色のバラのブーケ

Bouquet de roses d'ambiance antique

　赤やピンクの艶やかなバラも好き ですが、今回はアンティークカラー のバラ 'シュエルヴァーズ' を主役 に、シックなブーケを制作しました。 個性的なバラを作ることで知られ る、静岡県菊川の「やぎバラ育種農 園」作出の茎が太くしっかりとした １輪咲きで、ファンが多く希少価値 の高い品種です。やぎバラ育種農園 では、人気の紫色のバラ 'ヴァーズ' の枝変わり品種であり、貝のような 色と形であるため、shell から取っ てこの名をつけたそうです。

　ベージュの花弁に、淡く混じるグ リーンとピンクのトーンが美しい 'シュエルヴァーズ'。この色みに合 わせて、ペールピンクの 'アブラハ ムダービー'、オフホワイトの 'フ ェアビカンガ'、淡いベージュの 'ワ ンダーウォール' の３種類のバラを セレクトしました。サブ花材には、 白とピンクのスイートピーや、優し いグリーンのビバーナム・スノーボ ールなど、バラがくすみのあるベー ジュ系なので、渋くなりすぎないよ うに明るい色みのものを選んでいま す。新芽のついた銀葉アカシアなど 自然の息吹やみずみずしさを感じる

ものも選び、冬の寒さの中の陽だま りのイメージを目指しました。

　バラはゆるくグルーピングをして 色を塊で見せるようにしながら、間 にクッションとなるグリーンを挟ん で束ねていきます。デコラティブス タイルのブーケなので、奥行きと立 体感を出すことを意識しましょう。 ギュッと詰まった印象にならないよ う、少し凹凸をつけながら束ね、花 材同士の間に適度なスペースを保つ ようにしています。上から見て円形、 横から見て半円の形に作ることも大 切です。

〈花材〉

バラ（シュエルヴァーズ、フェアビアンカ、アブラ
ハムダービー、ワンダーウォール）／スイートピー
'シラタキ'／クリスマスローズ／トリフォリウム／
ゼラニウム／銀葉アカシア／ビバーナム・スノー
ボール

〈花合わせのポイント〉

• バラ'シュエルヴァーズ'が主役。
• サブ花材としてペールピンクや白
  いバラを選び、フレッシュ感のある
  グリーンを合わせて明るさを出す。

ヒヤシンスの香りあふれるアレンジメント

Composition parfumée de jacinthes

　華やかな色と花姿で、春先に私たちの目を楽しませせるくれるヒヤシンス。球根から顔を出した緑の葉が伸び、蕾が膨らみ、やがて開花すると、部屋中が甘く爽やかな香りで満たされます。ここでは、切り花のヒヤシンスをたっぷりと使い、色と香りで室内に春を取り込むアレンジメントを制作しました。

　ヒヤシンスは、淡いピンクと紫色のニュアンスカラーが美しい品種をセレクト。まだかたい蕾のものも混ぜて、20本以上を贅沢に使用します。この色調にリンクさせたクリスマスローズと、花の形がヒヤシンスに似たラケナリアをサブ花材として合わせました。花器として選んだのは、こっくりとした色みのアンティーク風のバスケット。もともとはフルーツなどを盛るためのものですが、浅いタイプなので花との馴染みもよく、自然の中に咲いているようなナチュラルな雰囲気が演出できます。

　吸水させたフローラルフォームをバスケットにセット。アレンジするときは、ヒヤシンスとラケナリア、クリスマスローズを中心からランダムに、高低差をつけて配置していきます。ヒヤシンスは2色をバランスよく混ぜることがポイント。銀葉アカシアのくすんだオレンジをアクセントにし、グリーンは濃い緑のアイビーを合わせ、冬のニュアンスを残しました。やわらかい印象のヒヤシンスとのコントラストでアレンジメントに面白みが加わり、春先のすがすがしい空気感も表現できます。

　飾っているうちにヒヤシンスが花開き、成長すると、雰囲気がガラッと変わります。「静」から「動」への変化が楽しめるところも、このアレンジメントの魅力です。

〈花材〉

ヒヤシンス／クリスマスローズ／ラケナリア／銀葉アカシア／アイビー／ヤマゴケ

〈花合わせのポイント〉

- ニュアンスカラーのヒヤシンスを約20本使用。色と香りで春を表現。
- ヒヤシンスの色にリンクさせたクリスマスローズと、花の形がヒヤシンスに似たラケナリアをサブ花材に。

ロマンチックな配色の
ローズブーケ

Bouquet de roses et pois de senteur

明るく華やかな色みのバラは、見る人の心を軽やかにしてくれます。まだ寒い季節に、近づく春を待ちながら束ねたブーケです。春のバラ園で多種多様な品種が咲き誇り、澄んだ青い空を背景にかぐわしい香りを放つ風景を表現しました。

バラはピンク色の濃淡をメインにパープルとベージュの品種をセレクト。滋賀県守谷の「ローズファームKEIJI」のたおやかな和ばら'京'や、開花するにつれて花芯の緑が顔を出し、ドラマチックな表情を見せる「やぎバラ育種農園」の'パブロヴァー

ズ'など、お気に入りのバラを5種類集めました。サブ花材は、バラの色からつながるピンクから赤紫系を中心に選んでいます。

クラシカルなラウンドスタイルのブーケです。グルーピングはせず、同じ種類のバラが隣同士に並ばないよう注意しながら、1本1本、アカシアと小花を挟みながら束ねていきます。奥にダリアを潜ませて奥行きを出し、トリフォリウム'ツインキャンドル'とワスレナグサで動きを出しています。ワスレナグサのブルーは、色みのアクセントになるので、

全体に散らして配置しましょう。

誰からも好まれるような明るく可愛らしい雰囲気に仕上げていますが、それだけではぼんやりとした印象になるため、ポイントにしたのはサブ花材のラナンキュラス'シャルロット'。バラにやや似た丸い形でありながらも、フリル状の花弁と深い色み、黒い花芯が特徴的で、ブーケに個性と面白みが加わります。ただし、あくまでバラを引き立てるための存在なので、手元やバラより低い位置に入れるなど、目立ちすぎないようにすることが重要です。

※ | Hiver

〈花材〉

バラ（ショコラロマンティカ、ピンク イヴピアッチェ、パブロヴァーズ、ラヴィニール、京）／ダリア／ラナンキュラス（シャルロット、ほか）／スイートピー／ワスレナグサ／トリフォリウム'ツインキャンドル'／アストランチア／アカシア

〈花合わせのポイント〉

- バラはピンク色の濃淡をメインに。
- サブ花材は、バラの色からつなげたピンクから赤紫系を中心に。
- ラナンキュラス'シャルロット'をポイントにし、個性をプラス。

静寂な冬のパリの風景をブーケに

Couleur grisaille Parisienne

1年で気温がもっとも低くなる2月のパリは、空気は冷たく空は曇りがち。太陽が輝く春や夏に比べると、観光に最適なシーズンとは言えないかもしれません。ですが、グレイッシュトーンの水彩画のような景色には冬ならではの美しさがあり、落ち着いた大人のパリの気品を感じさせます。そんな風景を、白いバラを使ったブーケで表現しました。

白バラは2つの品種をセレクト。「やぎバラ育種農園」のオリジナル品種'fluffy（フラッフィ）'は、ほんのりピンクがかった透明感のある白い花弁と、小さく丸い蕾の愛らしさに惹かれて選びました。スプレー咲きなので、1本でボリュームが出せる点も魅力です。ここにグレイッシュホワイトのスタンダードタイプのバラ、'ミルキーパール'を合わせ、淡いシュガーピンクのバラ'ココット'で色みをプラス。白バラに寄り添うようなニュアンスカラーで、パリらしい華やかさと温かみを出しました。

合わせるグリーンの色みもフレッシュ感のある緑ではなく、シルバーがかった銀葉アカシアやアフリカンブルーバジルを。色みを抑えたシックなもので揃えています。

バラはゆるくグルーピングをしながら、クッションとなるグリーンをたっぷり挟み、高低差をつけながら束ねていきます。バラの色や質感を見せることを意識しつつ、植物の自然な表情や動きを出すようにしましょう。fluffyの蕾は、花の上に飛び出すように配置するとアクセントとなり、奥行きが出せます。微妙に異なるバラの色の美しさを楽しめるブーケです。

〈花材〉

バラ（fluffy、ミルキーパール、ココット）／アストランチア／銀葉アカシア'プルプレア'／アフリカンブルーバジル／紅葉ヒペリカム

〈花合わせのポイント〉

- バラ'fluffy'が主役。
- グレイッシュホワイトのバラとシュガーピンクのバラで色みをプラス。
- 合わせるグリーンはトーンを抑えてシックにまとめる。

Hiver

野生的なアネモネのアレンジメント

Arrangements sauvages d'anémones

独特の質感と手触り、色みを持つ樹皮と生花を組み合わせた作品は、乾いたものとフレッシュなものとの対比により、新鮮で魅力的な表情を見せてくれます。ここで紹介するのは、曲がったり割れ目が入ったりと、

どこかワイルドな顔を持つ2種類のアネモネに、樹皮を合わせたアレンジメントです。

冬から春にかけて赤や青、紫などの鮮やかな色の花を咲かせるアネモネの中から、独特なニュアンスのあ

るパープルのグラデーションが美しい品種をセレクト。この色調にリンクさせてクリスマスローズやレースフラワー'ダウカスボルドー'、赤褐色の蕾がついたアカシアなどをサブ花材として合わせています。アネ

モネを主役にするときは、花材をあまり混ぜないことが美しく見せるコツです。

　吸水させたフローラルフォームをセットした木製のボックスに、最初にまっすぐな樹皮を挿してアレンジメントの高さを決め、上にカーブした樹皮をのせてベースを作ります。アネモネは、花とともにスッと伸びる茎の長さも見せたいので、それを考慮して高さを決めましょう。樹皮の間に、高低差をつけ、奥行きを意識ながらアネモネを挿していきます。樹皮のベースがあると、色のバランスがとりやすくなります。

　足元にはアイビーやアカシアを挿し自然な印象に。枯れ色のエノコログサを配置することで動きが出て、味わいが深まります。

　全体にアンティークっぽい色みの中で、ワスレナグサのブルーがアクセント。光や気温に反応して開いたり閉じたりを繰り返す、どこかミステリアスなアネモネの個性が楽しめるアレンジメントです。

〈花材〉

アネモネ／レースフラワー'ダウカスボルドー'／ワスレナグサ／アカシア／アストランチア／クリスマスローズ／アイビー／エノコログサ／樹皮

〈花合わせのポイント〉

- 樹皮にアネモネを合わせてワイルドな表情を見せる。
- サブ花材はアネモネの紫色にリンクさせた色みのものを選択。
- 花材は絞りアネモネを引き立てる。

冬｜Hiver

凛とした森をイメージした
ランの燭台アレンジメント

Bougeoir forestier de sabot de Vénus

ランの中でも独特の色と形、質感を持つパフィオペディルム。フランスでは「女神の木靴」と呼ばれ、野生種が森の中で自生する場所もあるようです。このオブジェは、ランが自生する奥深い森のイメージから着想を得て制作。パフィオペディルムの凛とした姿を、森の中に灯る大きな燭台に見立てました。

パフィオペディルムは数種類をミックス。そのブラウン、ボルドー、グリーンの色みに同調するヘデラベリーとアイビーで森の印象を作ります。要となるのは、土台作りです。

最初にワイヤーとコケボクを使い、中央がくびれて上部が広がる燭台のような形のフレームを制作。その上部、中心部、下部の3カ所に吸水させたフローラルフォームをセットします。コケボクはコケが生えている面が上を向くように組むと、自然な印象になります。次にヤマゴケを所々に針金で巻きつけ、フローラルフォームを隠してフレームに強度をつけると同時に、苔むした樹木の雰囲気を表現します。上部には、ティーキャンドル用のガラスのキャンドルホルダーを7カ所、ワイヤーで固定。燭台と森の樹木のイメージがミックスした土台の完成です。

土台には、最初に銀葉アカシア、アイビー、ヘデラベリーを配して雰囲気を作ってから、クリスマスローズ、パフィオペディルムの順に1本ずつ挿していきます。パフィオペディルムは花が大きく繊細で傷つきやすいため、配置する前にスペースを確保しておきましょう。キャンドルホルダーにセットしたLEDキャンドルの光が、1輪1輪ニュアンスの異なるパフィオペディルムを照らし、独特の世界観を創出します。

〈花材〉

パフィオペディルム／クリスマスローズ／銀葉アカシア／アイビー／ヘデラベリー／ヤマゴケ／コケボク

〈花合わせのポイント〉

- コケボクとパフィオペディルムを合わせ、森に育つランの姿を表現。
- パフィオペディルムは数種類をミックス。この色みに同調するサブ花材で森の印象を作り出す。

Hiver

ニュアンスカラーのアネモネのブーケ

Bouquet d'anémones

日本の伝統工芸品からフラワーデ
ザインのアイデアを得ることもあり
ます。これはアネモネを主役に、着
物の色と柄を表現したブーケです。
着物によく使われる薄藤色のアネモ
ネにやや濃い紫と白のアネモネを合
わせ、中心から色がグラデーション
で広がるように束ね、織物のような
雰囲気を作りました。

アネモネの紫と白の間をつなぐ色
を持つ花として、選んだのはボルド
ー色の絞りが入ったスイートピーと
銀葉アカシアです。スイートピーの
フリル状の透き通った花弁が、アネ
モネの質感とも同調し、銀葉アカシ
アの新芽は、ブーケの淡い色みの中
でのアクセントになります。

アネモネを束ねるときは、手早く
行うことが大切です。手から伝わっ
た温度でどんどん開花していくた
め、イメージが変わってくるからで
す。間にクッションとなるグリーン
を挟み、花の顔をしっかり見せるこ
とを考え、きれいなラウンド形を作
ることを意識しながら作業しましょ
う。高低差をつけずにコンパクトに
構成することで色のグラデーション
が強調されます。どこから見ても紫、
白、ボルドーの色が同じバランスで
広がり、それぞれの色が混ざり合っ
ていくようなイメージを目指すと、
織物の柄の雰囲気が表現できます。

花弁に見えるガクと中心の黒紫色
の対比が美しく、存在感のあるアネ

モネ。咲いた姿を想像しながら蕾の
状態で束ねると、開花したときの様
子が楽しいサプライズになります。

〈花材〉

アネモネ'モナリザ'／スイートピー／クリスマスロ
ーズ／アストランチア／銀葉アカシア'プルプレ
ア'／ゼラニウム／セイヨウイワナンテン／ダステ
ィーミラー／ミント

〈花合わせのポイント〉

- 薄藤色とやや濃い紫に白のアネモ
ネを合わせ、和の織物の雰囲気に。
- 紫と白をつなぐ役割としてボルドー
色の絞りが入ったスイートピーとア
カシアを合わせる。

ノエルのキャンドルデコレーション

Décoration de Noël sur table basse

長く寒い冬を照らす、明るさと温かさの象徴であるキャンドル。これと冬でも青々とした葉を繁らせる"永遠の生命"のシンボル、エバーグリーン（常緑樹）を組み合わせたクリスマスのアレンジメントです。

エバーグリーンは形や質感が異なるもの3種類を用意。種類が多いと、それぞれがグリーンの色の中に埋もれてしまい個性が表現されにくくなるため、数は絞ることが重要です。ネズとアロニアという個性のある実ものを合わせ、マツカサとオーナメントでクリスマスを演出します。一見リースのように見えますが、使用しているベースは水盤に吸水させたフローラルフォームをセットしたもの。中央を空け、周囲に花材の葉先

が一定方向を向くように挿していくことでリング状に見せています。

最初にモミを配置して輪郭を決めてから、キャンドルをセット。アクセントとしてアジサイを配し、コニファーとネズを挿して形を作っていきます。飾ったときにベースが見えるところには、マツカサを置きました。アジサイが入ることで明るさと華やかさが加わります。

キャンドルは扱いやすく安全なLEDキャンドルを採用。炎の部分が揺れるタイプを選び、高さの異なるものを組み合わせてリアリティを出しています。ブロンズカラーのオーナメントは、マツカサとともに中央の空いたところに飾りました。遠目から見るとグリーンのリース、近

づいて中をのぞき込むと現れるキラキラとした輝きがサプライズ。クラシカルな色の組み合わせでありながら、どこか新しさが感じられるクリスマスデコレーションです。

〈花材〉

モミ／コニファー（ブルーバード、ブルーアイス）／ネズ（実つきの枝）／アジサイ／アロニア／マツカサ

〈花合わせのポイント〉

- エバーグリーンは形や質感が異なるものを3種類用意。
- 実ものはネズとアロニアで個性を出し、マツカサとオーナメントでクリスマスを演出する。

冬 | Hiver

パフィオペディルムとパンジーのブーケ

Bouquet de sabots de Vénus et de pensées

　世界4大洋ランの一つに数えられるパフィオペディルムは、一部の花弁が袋状になった個性的な形や、独特の艶と質感、色のグラデーションが魅力。このパフィオペディルムに、エレガントな美しさを持つパンジーを合わせてブーケを束ねました。

　栃木県宇都宮の「阿比留蘭園」が栽培するパフィオペディルムからインスピレーションを得て制作。アンティークトーンの茶色からパープルのグラデーションと花が大きく優美

なところに惹かれ、これに合う花を探していたときに、八重咲きのパンジーに出合いました。深いパープルの色みとフリルの重なりが上品で、パフィオに負けない高級感もあります。サブの花材は、この2種類の花の色や形に同調させて選びました。

　花が正面を向いて咲くパフィオペディルムは、そのまま組むとブーケの中で花が埋もれてしまいます。そのため、花が上を向くように調整する必要があります。花首を指で上に

上げ、アカシアやガマズミなどのグリーンですぐに向きを固定するようにしながら組んでいくことがポイントです。折れてしまわないように、優しく扱いましょう。

　パフィオペディルムは全体に散らばるように1本ずつ入れ、パンジーやスイートピーはゆるくグルーピングをして加え、パフィオを支えるようにすると安定します。色のグラデーションを効果的に見せるため、高低差はつけずにコンパクトにまとめ

ます。パフィオペディルムとパンジー、ともに個性のある花でありながら、色と形を同調させることでシックにまとまり、インパクトのあるブーケが完成します。

〈花材〉

パフィオペディルム／パンジー／スイートピー／スカビオサ／ラナンキュラス／クリスマスローズ／アカシア／ガマズミ

〈花合わせのポイント〉

• 優美な色みのパフィオペディルムに合う花として、エレガントな八重咲きのパンジーを選択。
• この2種類の花の色と形に同調させてサブ花材をセレクト。

ノエルのディナーテーブル
花の小道

Chemin de table pour le dinner de Noël

　フランスの田舎の家で過ごす週末のディナータイムをイメージし、テーブルを飾りました。実際に食事をするテーブルというよりは、イメージで仕上げた装飾です。

　使用したのは、たっぷりの４種類のエバーグリーン。ここにクリスマスカラーを意識して選んだ複色のダリア ‘影法師’ を合わせて華やかさを演出。ダリアから色をつないだ香りのよいピンクのバラと、クリスマスには欠かせない実ものとしてバラの実をセレクトしています。

　テーブル上に、吸水させたフローラルフォームをジグザグにレイアウトしたら、モミ、ヒムロスギ、２種類のコニファーの順にエバーグリーンをアレンジし、ベースを作ります。直線で構成するとカチッと人工的な印象になるため、あえて変化をつけました。ヒムロスギとコニファーは、少し立ち上がるように動きをつけて挿すと、異なるグリーンの色や質感が際立ちます。ここにダリアとバラをグルーピングで挿し、色をつなぐためのピンクがかった紫のアジサイと、バラの実を入れます。

　エバーグリーンとバラの実だけでも十分に美しいのですが、生花が入るとパッと明るい印象になります。エバーグリーンの中に、形と質感の異なるゼラニウムの葉を混ぜると、やわらかさが加わりメリハリが出せます。空いているところにマツカサを置き、周囲には、アンティークの器に盛った赤いフルーツを並べます。キャンドルは扱いやすく安全なLEDキャンドルを使用。高さや種類の異なるものを組み合わせて高低差をつけ、立体感を出しました。

　幻想的でロマンチックな森を思わせるデコレーションです。

〈花材〉

モミ／ヒムロスギ／コニファー（ブルーバード、ブルーアイス）／ダリア '影法師' ／バラ 'モナムール' ／アジサイ／バラ（実）／ゼラニウム／マツカサ／ザクロやイチゴなどの赤いフルーツ

〈花合わせのポイント〉

- エバーグリーンにダリア '影法師' を合わせて華やかさを演出。
- ダリアから色をつなげてピンクのバラを。クリスマスには欠かせない実ものとしてバラの実をセレクト。

印象的なクラシックリース

Couronne de Noël classique traditionnelle

　フランスで花店を営む祖父を手伝っていた子どもの頃から作り続けている、シンプルで伝統的な色とデザインのクリスマスリースです。

　永遠の象徴とされるエバーグリーンの緑に、キリストの降誕を知らせる、ベツレヘムの星を表すゴールドをオーナメントで取り入れ、イエス・キリストの血を表す赤には、ザクロの果実を選びました。ヨーロッパではルネサンス期から現代にいたるまで、ザクロをモチーフとした絵画は多く、時代ごとに象徴されるものがあり、宗教的な解釈や豊かさの表現などが見られます。ここでは、草花にない独特の質感と輝きを持つザクロを、エバーグリーンとの対比の中でより美しく見せるリースに仕上げています。

　ザクロの大きさに合わせ、リースのできあがりは直径1m弱と大型に想定。なまし鉄線で直径60cmのリング状のベースを作り、リースワイヤーを使い、色のニュアンスや形状の異なるエバーグリーンをバランスよく巻き留めていきます。始まりも終わりもない永遠の象徴であるリースなので、葉先はすべて必ず同じ方向に流れるようにすることが重要です。エバーグリーンの色や質感、形のバリエーションを見せるため、立体感を意識して巻き留めていきましょう。飾ったときに横から見て壁との一体感が出るように、作業中は葉先がテーブルに着くことを確認しながら進めます。

　エバーグリーンのベースが完成したら、ワイヤリングをしたザクロとマツカサ、オーナメントを配置。ザクロはカットして種子の輝きも見せると効果的です。

〈花材〉

モミ／ヒムロスギ／コニファー（ブルーアイス、ブルーバード）／ザクロ／マツカサ

〈花合わせのポイント〉

- エバーグリーンにクリスマスを象徴する実ものとしてザクロを選択。
- その独特の質感を取り入れることで、グリーンとの素材のコントラストを見せる。

手仕事の楽しみ

Les plaisirs du travail manuel

花を生けたり束ねたりするのと同じぐらい好きなことが、花を飾る空間を自分の手でしつらえることです。東京・田園調布にある私のアトリエは、壁は自分でペイントし、床も古木風に仕上げた板を貼るなどし、家具や花器にいたるまで何かしら手を入れて好みのテイストに仕上げています。古い家具を探してペンキを塗ってリメイクしたり、撮影用の背景も、自分で塗ったベニヤ板を各種揃え作品ごとに使い分けています。

年月と人の手を経て醸し出されたようなテイストが自分の作品には合うと考えます。そんな環境を作ることで、選んだ花たちがさらに美しく輝いて見えます。花を飾る環境作りも花合わせの一部であり、自己表現の一つだと感じる瞬間です。

ここでは、2パターンの手仕事のスタイルを皆さんにご紹介します。一つは花器のリメイクです。市販の花器を利用すれば一から自作するよりずっと手軽です。用意するのは、テラコッタのような質感のグラスファイバー製の花器と家庭用の水性ペンキ各種とブラシ。花器は最初に黒いペンキで塗って地色を黒にします。こうすると、このあと色を重ねたときに効果的で、アンティークの風合いが出しやすくなります。オレンジ、茶、白、シルバーなどのペンキを乾いたら順番にブラシで丁寧に塗り重ねていきます。特にオレンジのペンキは、色を重ねたときにサビ色が演出できるので欠かせない色です。

もう一つはウォールデコレーションです。アトリエに絵や写真があると花や植物とぶつかってしまいますが、このどこか無機質かつ手仕事の風合いを持つ額があれば、殺風景にならず装飾としての華やぎも出せます。中央のデザインは「アラビア文字ですか？」と訊ねられることも多いのですが、実は感性の赴くままに電気ゴテで削った意味を持たない模様。発泡スチロールを土台として活用しているため、飽きたら気軽に好みのサイズやデザインに変えられるところも魅力です。

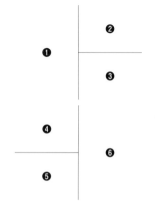

（左）一般的な家庭用の水性ペンキを使用。

❶メディシス花器をリメイクしたもの。緑、オレンジ、茶、ゴールド、ブロンズなどのペンキを塗り重ね、最後にニスで仕上げた。❷ブラシは柔らかく、細かい仕上げが可能なものを使用。❸手前は完成品、奥は製作途中のもの。❹❺ウォールデコレーションは、発砲スチロールの土台を黒いペンキで黒一色に塗りつぶし、電気ゴテで削って模様を作る。こうすると後から重ねたペンキの色が模様の中に自然に入る。❻ペンキを塗り重ねて好みの雰囲気に。

ローラン・ボーニッシュ
Laurent Borniche

フランス、パリで100年近い歴史を持つ花店の4代目として生まれる。16歳よりフローリストの道を歩み始め、20歳で仏フローリスト国家資格BPを取得。パリの老舗花店で修業を積み、1998年、EFP派遣講師として来日。独自の色彩感覚、感性、創造力により生み出されるフレンチスタイルのデザイン・花装飾で注目され、デモンストレーション、イベント企画、オリジナルの花器や商品プロデュース、テレビ、雑誌などで活躍する。2014年、フラワースクールとデザインアトリエ「Laurent. B Bouquetier（ローラン・ベー・ブーケティエ）」を設立。著書に『ローラン・ボーニッシュのブーケレッスン new edition』『ローラン・ボーニッシュのフレンチスタイルの花贈り』、作品集『Jeux de fleurs』（以上、誠文堂新光社）がある。

Laurent. B Bouquetier（ローラン・ベー・ブーケティエ）
東京都大田区田園調布3-4-5 1F
@laurent.b.bouquetier
https：//www.laurentb-bouquetier.com/

Staff
撮影　山家 学（アンフォト）
装丁・デザイン　佐藤アキラ
編集　宮脇灯子
校正　櫻井純子（audax）

Special thanks
阿比留蘭園／森の庭師 加藤造園／Floral Candle 有瀧聡美

＊本書は、ウェブサイト「植物生活×フローリスト」の連載「ローラン流 季節の花あそび」から作品を抜粋して加筆・修正をし、新たに撮影した作品を加えて構成したものです。

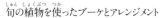

旬の植物を使ったブーケとアレンジメント

ローラン・ボーニッシュの季節の花合わせ

2023年2月20日　発　行　　　　　　　　　　　NDC793

著　　　者　ローラン・ボーニッシュ
発　行　者　小川雄一
発　行　所　株式会社 誠文堂新光社
　　　　　　〒113-0033 東京都文京区本郷3-3-11
　　　　　　電話 03-5800-5780
　　　　　　https://www.seibundo-shinkosha.net/
印　刷　所　株式会社 大熊整美堂
製　本　所　和光堂 株式会社

ISBN978-4-416-52366-7